Thé vert

Apprécier le Thé Chinois

Écrit par Li Hong

Traduit par Zhu Jianhua, Bai Chongshun

Une marque éditoriale de Talents Publishing, LLC
8, Rue du Faubourg Poissonnière
75010 Paris, FRANCE
ISBN : 978-2-87592-034-8

Auteur : Li Hong, traduit du chinois par Zhu Jianhua et Bai Chongshun, traduit du français par Paula Lemaire.

Imprimé en Chine en juillet 2015
Dépôt légal : juillet 2015
Première édition : juillet 2015

Sommaire

Chapitre 1 Introduction

Chapitre 2 Petit tour d'horizon des grands thés verts de Chine

Chapitre 3 Le thé vert sous toutes ses formes

Chapitre 4 L'art de préparer le thé vert

Chapitre 5 L'analyse sensorielle du thé

L’auteur remercie Jing Xiaomin, Li Mei, Madhumita Bardhan Sinha, Wang Li, Lisa Zhang et Suodi Song, sans qui ce projet n’aurait pu aboutir.

Depuis sa découverte il y a plus de 5 000 ans, le thé vert n'a cessé de gagner en popularité jusqu'à devenir aujourd'hui l'une des boissons les plus consommées au monde.

Si pour l'œil non averti, tous les thés verts paraissent identiques, les connaisseurs, eux, sont capables de reconnaître les différentes variétés simplement en observant la couleur et l'aspect des feuilles sèches : que ce soit les longues feuilles plates du Long Jing, celles du Bi Luo Chun en coquilles d'escargot ou encore les belles feuilles vert bambou du Zhu Ye Qing, elles racontent toutes une histoire différente. À cette poésie se joint une multitude d'arômes et de parfums différents qui ne font qu'ajouter au charme unique du thé vert : les notes florales et fruitées du Bi Luo Chun, la fraîcheur et la douceur du An Ji Bai Cha ou l'étonnante longueur en bouche des thés verts du Yunnan qui développent des saveurs de plus en plus sucrées au fil des infusions en sont quelques exemples.

Pour prendre l'aspect que nous leur connaissons, les bourgeons et les jeunes feuilles sont d'abord cueillies, puis soumises à plusieurs opérations de traitement visant à les déshydrater tout en conservant leur saveur originelle. Bien que chaque variété possède des caractéristiques esthétiques et organoleptiques différentes, tous les thés verts sont simples et élégants de nature.

Ainsi, chaque gorgée de thé vert est une découverte et une expérience à part entière : prenez le temps d'en savourer une tasse quotidiennement et laissez-vous charmer par le gracieux ballet des feuilles de thé ; vous vous offrirez ainsi un instant de paix et de sérénité hors du rythme effréné de la vie quotidienne.

Li Mei

茶

茶

Chapitre 1

Introduction

Les thés chinois peuvent se classer selon plusieurs critères, mais si l'on se base sur leur procédé de fabrication, on distingue deux grands groupes : les thés purs et les thés « transformés ». Parmi les thés purs, on compte les thés verts, jaunes, blancs, bleu-vert (Oolong), noirs et sombres, le vert étant celui qui, après traitement, demeure le plus proche de son état naturel.

I. Les régions de production

Tout premier thé fabriqué et consommé en Chine, le thé vert représente aujourd'hui environ 70 % de la production du pays. Plus de 70 % du thé vert vendu sur le marché international provient également de Chine.

À l'heure actuelle, une vingtaine de provinces, régions autonomes et municipalités chinoises pratiquent la culture du thé. Les plantations de thé vert s'étendent ainsi sur plus de 1 000 districts, principalement ceux des provinces de l'Anhui, du Jiangxi, du Hunan, du Hubei, du Guizhou, du Sichuan, du Yunnan et de Chongqing. D'autres régions comme le Guangdong, le Guangxi, le Fujian, Taiwan, Hainan et les provinces au nord du Yangzi Jiang en produisent également mais en plus faible quantité. Enfin, on trouve aussi quelques petites plantations dans le nord-ouest du Gansu et au Tibet.

De par leur répartition sur le territoire chinois, les plantations de thé vert peuvent être répertoriées en quatre grandes zones de production : le sud du Yangzi Jiang, le nord du Yangzi Jiang, le sud-ouest de la Chine et la Chine méridionale.

Une plantation de thé vert

Les principales régions productrices de thé vert et leurs variétés emblématiques

Régions de production	Variétés	Régions de production	Variétés
Zhejiang	Long Jing, An Ji Bai Cha, thé blanc du Zhejiang, thé vert bio, Cui Jian bio, Kai Hua Long Ding, Xiang Cha	Hunan	Gao Qiao Yin Feng, Shi Men Yin Feng, Xiang Bo Lu
Jiangsu	Bi Luo Chun	Shandong	Thé vert du Laoshan
Anhui	Huang Shang Mao Feng, Tai Ping Hou Kui, Liu An Gua Pian, Song Luo Cha	Guizhou	Mei Tang Que She, Mei Tang Cui Ya, Du Yun Mao Jian, Zun Yi Mao Jian
Sichuan	E Mei Zhu Ye Qing, Meng Ding Gang Lu	Shaanxi	Wu Zi Xin Hao, Wu Zi, Zi Yang Mao Jian, Zi Yang Cui Feng, Fu Xi
Henan	Xin Yang Mao Jian	Guangxi	Ling Yuan Bei Hao, Ling Luo Chun
Jiangxi	Wu Yuan Ming Mei	Yunnan	Dian Qing

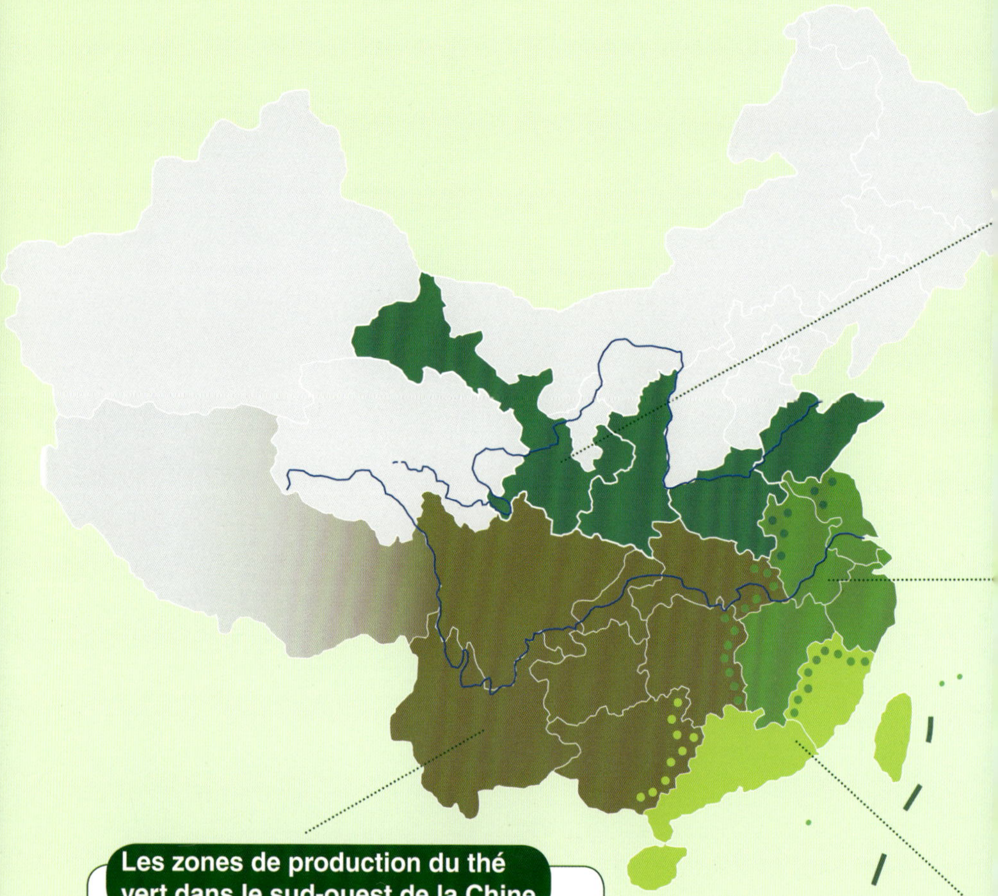

Les zones de production du thé vert dans le sud-ouest de la Chine

Cette zone qui abrite les plus anciens jardins de thé de Chine regroupe des théiers de nombreuses variétés différentes. La production s'organise principalement dans le Yunnan, le Guizhou, le Sichuan, autour de Chongqing, dans la préfecture de Xiangxi au nord-ouest du Hunan ou encore au Tibet oriental. Les variétés locales les plus connues sont le Nan Nuo Bai Hao, le Du Yun Mao Jian, le Zhu Feng Sheng Cha, etc.

Bon à savoir

Le Zhu Feng Sheng Cha est un thé vert réputé originaire de la préfecture de Nyingchi au Tibet.

Les zones de production du thé vert au nord du Yangzi Jiang

Cultivés en terrasses entre la rive nord du Yangzi Jiang et la rive sud du Huai He – au pied des monts Qinling –, les petits théiers à feuilles courtes des provinces du Shaanxi, du Henan et du Shandong sont les plus septentrionaux de Chine. Parmi les variétés typiques de la région, on trouve le Wu Zi Xin Hao, le Zi Yang Mao Jian, le Bi Kou Long Jing ou encore le Ri Zhao Xue Qing.

Bon à savoir

Le Bi Kou Long Jing est un thé vert emblématique de la province du Gansu.

Les zones de production du thé vert au sud du Yangzi Jiang

Étant la plus ancienne zone de production de thé vert, cette région peut s'enorgueillir de voir pousser en son sein le plus grand nombre de variétés. Avec ses immenses terres dédiées à la culture du thé et ses ressources naturelles abondantes, cette région assure la production d'une grande partie des thés verts chinois, notamment dans les provinces du Hunan, du Hubei, du Jiangxi, au sud des provinces du Jiangsu, de l'Anhui, au nord du Fujian et à Shanghai. Bon nombre des thés verts les plus réputés du monde comme le Long Jing, le Bi Luo Chun, le Huang Shan Mao Feng, le Wu Yuan Ming Mei ou le Gao Qiao Yin Feng proviennent de cette région.

Les zones de production du thé vert en Chine méridionale

Cette zone englobe les régions situées au sud des monts Nanling – sud du Fujian, Guangdong, Guangxi, Hainan, Taiwan, etc. – spécialisées dans la production de Oolong et de thé vert. Le Ling Yun Bai Hao du Guangxi ou encore le San Xia Bi Luo Chun de Taiwan font partie des variétés les plus renommées de la région.

II. La classification du thé vert

Les thés verts – comme le Long Jing, le Bi Luo Chun ou le Huang Shan Mao Feng par exemple – font partie des thés dits purs, c'est-à-dire qu'ils se composent exclusivement de feuilles de théiers et qu'ils sont manufacturés selon des procédés de fabrication classiques. Cependant, on utilise également les feuilles de thé vert comme base pour fabriquer des thés et produits plus largement transformés : c'est le cas, par exemple, des thés compressés, des thés parfumés aux fleurs ou aux fruits, de l'extrait de thé vert, de certaines boissons ou denrées alimentaires aromatisées, ainsi que des compléments alimentaires contenant des substances actives (polyphénols) issues du thé vert.

Classification des thés verts

Par région de production	Thé vert du Zhejiang, de l'Anhui, du Sichuan, du Jiangxi, etc.
Par saison de récolte	Thé vert de printemps, d'été, d'automne… : les thés de printemps (ou thés primeurs) sont les plus prestigieux, suivis de ceux d'automne. Les thés d'été sont moins courants, les feuilles étant rarement récoltées à cette saison. Selon la période de la cueillette, les thés de printemps peuvent encore se subdiviser en deux catégories : ceux cueillis avant la fête de Qing Ming (5-6 avril) et ceux cueillis entre la fête de Qing Ming et Gu Yu (20-21 avril).
Par grade	Les thés verts se divisent généralement en 7 grades : supérieur, spécial, puis de 1 à 5.
Par caractéristiques physiques	Les feuilles peuvent être plates (Long Jing), droites (Nan Jing Yu Hua Cha), constituées uniquement de bourgeons (Meng Ding Huang Ya) ou se présenter sous forme d'aiguilles (An Hua Song Zen), de coquillages (Bi Luo Chun), de tranches (Liu An Gua Pian), de fleurs d'orchidée (Shu Cheng Lang Hua), de sourcils (Wu Yuan Ming Mei, Jing Shan) ou de perles (Ping Shui Zhu Cha).
Par ancienneté	Certains thés comme le Gu Zhu Zi Sun sont de fabrication très ancienne, alors que d'autres – comme le Nan Jing Yu Hua Cha – n'ont vu le jour que très récemment.
Par technique de fabrication	Thés manufacturés à la main (haute qualité), thés manufacturés à la machine ou thés manufacturés en partie à la main et en partie à la machine.
Par caractéristiques organoleptiques	On distingue les « grands crus » des thés verts de consommation courante.
Par procédé de torréfaction et de dessiccation	Les feuilles séchées peuvent être à la vapeur, au wok, ou au charbon.

III. Les procédés de torréfaction et de dessiccation

Les experts classent les thés verts selon les techniques utilisées pour tuer l'enzyme responsable de l'oxydation (torréfaction) et pour les déshydrater (dessiccation).

1. Les thés verts étuvés à la vapeur

Cette technique est apparue sous la dynastie Tang (618–907), comme le révèle Lu Yu (760–780) dans *Le Classique du thé* : « Cueillez les feuilles fraîches un jour de beau temps, puis procédez à l'étuvage à la vapeur, au roulage, au façonnage et au séchage avant de les emballer. » Bien qu'elle soit très ancienne, cette méthode est néanmoins encore utilisée de nos jours – notamment dans la province du Hubei pour produire le En Shi Yu Lu – et consiste à stopper l'oxydation des feuilles en les chauffant à la vapeur. On obtient ainsi un thé d'un beau vert pur, que ce soit au niveau des feuilles sèches, de la liqueur ou des feuilles infusées. La plupart des thés verts japonais (Sencha, Gyokuro…) sont fabriqués selon ce procédé, ainsi que certains thés chinois du Zhejiang ou du Jiangxi. Si leur production est principalement exportée au Japon, une petite fraction est cependant commercialisée sur le sol chinois, sous forme de thé en sachet ou de poudre de thé vert.

Thé vert étuvé à la vapeur

2. Les thés verts sautés au wok

La première trace écrite de ce mode de torréfaction remonte à la dynastie Tang (618–907) et se trouve dans un poème du célèbre Liu Yuxi, *Ode au thé dans le temple de la montagne de l'Ouest.* À l'époque, le thé était surtout conditionné sous forme de galettes et faisait office de tribut impérial, notamment sous la dynastie Song (960–1276) où les galettes de Long Feng (dragon et phénix chinois) étaient particulièrement prisées. Le commerce du thé en vrac était quant à lui cantonné à la Chine méridionale.

Thé vert sauté au wok

Par la suite, l'empereur fondateur de la dynastie Ming, Zhu Yuanzhang, fit arrêter par décret impérial la production de galettes et exigea que le thé du tribut lui soit payé en jeunes feuilles : c'est l'avènement du thé en vrac et, pour le sublimer, les producteurs développent des techniques de torréfaction de plus en plus sophistiquées, notamment celle consistant à faire sauter les feuilles au wok. Naissent alors des thés d'exception comme le Long Jing à Hanzhou ou le Liu An Gua Pian dans la province de l'Anhui. Aujourd'hui, cette méthode de torréfaction est la plus répandue en Chine et s'effectue manuellement dans de grands woks ou mécaniquement dans des séchoirs à tambour. Selon l'aspect des feuilles sèches, les thés torréfiés de la sorte sont classés en trois sous-catégories : les thés longs, les thés ronds ou les thés fins et tendres.

Bon à savoir

Les thés torréfiés à température très élevée pourront parfois se parer de notes grillées ou pyrogénées – que les Chinois appellent poétiquement « le goût du feu » – et tireront plus sur le vert-jaune, contrairement aux thés torréfiés à température moyenne.

3. Les thés verts torréfiés au charbon

Cette technique de torréfaction consiste à faire chauffer les feuilles dans un panier placé au-dessus d'un brasier de charbon de bois.

C'est ce type de procédé qu'on utilise pour « tuer le vert » des feuilles de thé qui serviront ensuite de base aux thés parfumés. Les feuilles de thé sèches torréfiées selon cette méthode présentent des feuilles et bourgeons entiers avec un pétiole torsadé, une liqueur brillante et limpide et des parfums fruités ou floraux.

Bon à savoir

Traditionnellement, les fourneaux utilisés pour arrêter l'oxydation des feuilles de thé sont alimentés au charbon de bois. Malheureusement, si la technique de torréfaction est mal maîtrisée, il arrive que les feuilles s'imprègnent du goût fumé que génère le charbon.

Thé vert torréfié au charbon

4. Les thés verts séchés au soleil

Principalement utilisé aujourd'hui dans les manufactures du Yunnan, du Shaanxi et du Sichuan, le séchage au soleil est la plus ancienne technique de dessiccation. Les thés séchés de cette manière portent en général le nom de leur région de production : c'est le cas, par exemple, du Dian Qing dans le Yunnan, du Shan Qing dans le Shaanxi ou encore du Chuan Qing dans le Sichuan. Cette technique est majoritairement utilisée pour les thés compressés en galettes ou en nids d'oiseau (Tuo Cha), beaucoup plus rarement pour le thé en vrac. Pour la réaliser, il faut d'abord tuer l'enzyme responsable de l'oxydation des feuilles, puis procéder à une opération de roulage. Ensuite, on épand les feuilles sur des claies en bambou avant de les exposer aux rayons du soleil. C'est cette dernière étape qui leur confèrera ce goût particulier de thé séché, si agréable à la dégustation.

Au fil du temps, les techniques de torréfaction se sont diversifiées et perfectionnées pour répondre aux exigences du marché. Certaines variétés de thés – comme le Wu Zi Xing Hao du Shaanxi ou le Kai Hua Long Ding du Zhejiang – sont désormais soumises à une première torréfaction au charbon puis à une seconde au wok (ou inversement) afin d'améliorer leurs caractéristiques organoleptiques et esthétiques. D'autres, comme le E Mei Zhu Ye Qing dans le Sichuan, subissent même un étuvage à la vapeur avant d'être torréfiées au wok puis au charbon. Enfin, il existe un dernier procédé qui consiste à plonger les feuilles fraîches dans un bain d'eau bouillante.

Bon à savoir

En faisant brièvement bouillir les feuilles fraîches, on obtient des thés à faible teneur en caféine.

Thé vert séché au soleil

IV. Les étapes de fabrication

Le thé n'a pas toujours été la boisson que l'on connaît aujourd'hui : d'après les observations de Lu Yu dans *Le Classique du thé*, les feuilles fraîches ont d'abord été consommées mâchées, puis on a commencé à les torréfier – soit en les faisant rôtir directement au-dessus d'une flamme, soit en les insérant dans un chaume de bambou – avant de les faire bouillir à l'eau. Ce savoir-faire ancestral perdure encore de nos jours dans la préfecture de Xishuangbanna (Yunnan), notamment chez certaines minorités ethniques comme les Dai ou les Wa. Les feuilles de thé fraîches – ou préalablement torréfiées – sont ainsi placées dans un segment de bambou que l'on fait rôtir ou griller avant de sortir les feuilles pour les faire infuser. La liqueur que l'on tire de ces thés étonnants est agréablement fumée, amère mais ronde, avec quelques notes sucrées en fin de bouche.

À part chez ces minorités, tous les thés verts suivent aujourd'hui un processus de fabrication similaire, que l'on peut diviser en quatre grandes étapes : la cueillette → la torréfaction → le roulage → la dessiccation.

Bon à savoir

Déjà pendant la période des Trois Royaumes (220–280), le célèbre poète Zhang Ji rapportait dans son *Guang Ya* : « Dans les régions de Jing [l'ouest de l'actuelle province du Hubei] et de Ba [actuelle Chongqing], on confectionne les galettes de thé avec des feuilles de thé fraîchement cueillies. »

1. La cueillette

Si certains grands crus se contentent uniquement des bourgeons (pekoe), la plupart des thés verts font traditionnellement l'objet d'une cueillette impériale (le pekoe et la feuille sous-jacente) ou fine (le pekoe et les deux feuilles sous-jacentes). Ces cueillettes sont réalisées avec une telle minutie qu'elles ne laissent place à aucune impureté (feuilles grossières, fleurs, fruits de théier, etc.). Les jeunes pousses sont cueillies avec soin, puis réparties en petits monticules pour éviter d'altérer leur qualité. Si ces précautions ne sont pas respectées, les feuilles risquent de virer au rouge (oxydation) et de devenir inexploitables. Pour finir, on stocke les feuilles dans une salle propre, bien ventilée et à l'abri du soleil et de la chaleur avant de les torréfier.

2. La torréfaction

En soumettant les feuilles de thé fraîches à une forte chaleur, on tue l'enzyme responsable de leur oxydation et on s'assure ainsi la production d'un thé vert (puisque non oxydé). L'odeur quelque peu désagréable des feuilles fraîches va se dissiper au cours de ce processus et laisser place à des parfums floraux plus plaisants. Traditionnellement, la torréfaction s'effectue au wok mais, aujourd'hui, on a souvent recours à de grands fours rotatifs ou à tambour, notamment pour les thés produits à grande échelle. Cette étape implique « d'alterner phases de torréfaction au wok et phases de repos : pour les jeunes pousses, le temps de torréfaction doit être plus long que le temps de repos, et la torréfaction doit se poursuivre plus longtemps que pour les feuilles matures ». La température des fours rotatifs oscille entre 180° C et 250° C, en sachant que l'on expose d'abord les feuilles à la température la plus élevée, puis à une température moins extrême. Leur contenance peut aller de 500 à 1 000 g de feuilles par passage et, selon la qualité de celles-ci, il faut compter en général 5 à 8 minutes pour stopper leur oxydation. Les fours à tambour peuvent quant à eux torréfier une plus grande quantité de feuilles, et ce dans un laps de temps plus court (2 à 3 minutes). Enfin, il existe également des techniques de torréfaction à la vapeur qui « tuent le vert » des feuilles fraîches en 30 à 60 secondes avec une température légèrement supérieure à 90 °C. Une fois la torréfaction réalisée, les feuilles sont soumises au roulage et à la dessiccation.

Bon à savoir

Les thés verts torréfiés au wok sont plus parfumés que ceux étuvés à la vapeur. Le chauffage au wok est en effet plus long et nécessite une température plus élevée que l'étuvage. Les substances aromatiques contenues dans les feuilles peuvent alors mieux s'exprimer quand celles-ci sont au contact du métal brûlant, plutôt que de la vapeur.

3. Le roulage

Cette opération consiste à la fois à façonner les feuilles de thé selon la forme désirée et à rompre leurs cellules internes : pour ce faire, on applique une légère pression sur les feuilles, de manière à ce que les substances qu'elles renferment se propagent sur l'extérieur. Pour les thés verts de qualité, le roulage s'effectue généralement à la main, alors que les thés destinés à une consommation quotidienne sont souvent roulés mécaniquement. Si on observe un temps de repos entre la torréfaction et le roulage des jeunes pousses, les feuilles moins fragiles sont, elles, façonnées aussitôt après la torréfaction. Lors de la dernière phase de roulage, on réduit la pression exercée sur les feuilles et on les passe dans une cribleuse de façon à séparer celles qui se sont agglomérées entre elles dans la rouleuse.

4. La dessiccation

La dessiccation consiste à faire sécher les feuilles de thé pour les déshydrater plus radicalement et permettre à leurs arômes de mieux s'exprimer. Ce procédé s'effectue traditionnellement soit au wok, soit dans un panier placé au-dessus d'un feu de charbon de bois, soit en exposant directement les feuilles aux rayons du soleil. La dessiccation au wok donne généralement les thés les plus parfumés.

Focus 1 Le thé vert bio

Définition

Les thés (et dérivés de thé) bio sont des produits ayant reçu un certificat « issu de l'agriculture biologique » par un organisme compétent en la matière. Ce type d'agriculture prône le développement naturel des cultures et l'utilisation de procédés bio-organiques pour les entretenir. Partisans des techniques agricoles propres et durables, les producteurs de thé bio n'ont recours à aucun pesticide, fertilisant, régulateur de croissance, engrais, additif ou autre produit chimique de synthèse.

Le cahier des charges

1. Les plantations certifiées « agriculture biologique » sont cultivées sur des sols propres, à l'écart de la pollution.
2. Les producteurs de thé bio ne travaillent avec aucun produit chimique (pesticide, régulateur de croissance, herbicide, etc.).
3. Les organismes certificateurs contrôlent chaque étape de la chaîne de production – du choix des graines de théiers à la commercialisation du thé, en passant par le traitement des feuilles.
4. Les thés (ou dérivés de thé) bio sont estampillés du logo ci-contre, une marque uniquement apposée aux produits remplissant le cahier des charges de l'agriculture biologique.

Ainsi, le thé bio est un produit sûr, sain et d'excellente qualité qui répond à des normes très strictes en matière d'agriculture propre et responsable.

Le thé au jasmin bio

Suite à une importante invasion d'insectes qui a récemment décimé de nombreuses cultures, les plantations de jasmin ne sont actuellement pas en mesure de répondre aux exigences qualitatives de l'agriculture biologique. À l'heure actuelle, la production de thé au jasmin bio est donc relativement faible. Pour être certifié bio, le thé au jasmin doit respecter le cahier des charges suivant : tout d'abord, les feuilles de thé utilisées comme base pour le mélange doivent être issues de l'agriculture biologique. Ensuite, les fleurs de jasmin doivent elles aussi être cultivées selon les normes de l'agriculture biologique, c'est-à-dire sans aucun produit de synthèse. Enfin, le dernier – mais non des moindres – prérequis implique que la quantité maximum de fleurs de jasmin contenues dans le produit fini n'excède pas les 5 %, que les résidus accidentels de pesticide soient toujours en deçà du seuil fixé par les organismes compétents et que le produit soit soumis à des contrôles à chaque étape de sa production.

L'agriculture biologique vs l'agriculture classique

Pour déterminer la qualité d'un thé issu de l'agriculture classique, on procède généralement à une évaluation du produit fini, mais on prend rarement en compte les étapes de production en amont. Le thé bio en revanche est certes contrôlé en fin de processus mais aussi tout au long de sa production (plantation, traitement, emballage, stockage, transport…) afin de s'assurer qu'il n'entre à aucun moment en contact avec des polluants ou produits de synthèse. De plus, si les produits chimiques comme les pesticides ou les engrais sont autorisés pour entretenir les cultures et augmenter le rendement des plantations de thé classique, ces produits sont prohibés par la réglementation de l'agriculture biologique. Enfin, contrairement au thé classique, le thé bio est contraint à une certaine traçabilité qui permet en cas de baisse de la qualité, de déceler les causes de cette défaillance.

Logo du label de l'agriculture biologique européenne

Chapitre 2

Petit tour d'horizon des grands thés verts de Chine

Long Jing, Bi Luo Chun, Huang Shan Mao Feng, Xin Yang Mao Jian… Difficile pour les novices de s'y retrouver tellement les variétés de thés verts sont nombreuses ! Voici donc, pour commencer, un petit inventaire des thés verts les plus réputés qui vous apprendra tout ce que vous devez savoir sur leurs régions de production, leurs caractéristiques et leurs méthodes de fabrication : les grands thés verts de Chine n'auront bientôt plus de secret pour vous !

I. Les célèbres thés verts du Zhejiang

Située au sud du Yangzi Jiang, la province du Zhejiang fait partie des grandes régions productrices de thé vert. Les jardins de thé de Jiaxing, Hangzhou, Huzhou, Shaoxing, Yuyao, Jinhua, Cixi et Quzhou produisent chaque année de nombreuses variétés dont les plus représentatives sont le Xi Hu Long Jing, le Da Fo Long Jing, le An Ji Bai Cha, le Chang Xing Zi Zhu, le Jing Shan, le Hui Ming, le Xue Shui Yun Lu, le Ling Hai Pan Hao ou encore le Yan Dang Mao Feng.

1. Long Jing (Puits du dragon)

De par « l'intensité de sa couleur, la puissance de ses parfums, la complexité de ses arômes et la délicatesse de ses feuilles », le Long Jing est, d'avis général, le « roi » des thés verts. Récoltées entre la fête de Qing Ming et Gu Yu, les feuilles de Long Jing sont plates, riches en notes vertes et en arômes gourmands. Les Long Jing produits selon les méthodes traditionnelles ainsi que les grands crus sont entièrement torréfiés à la main, une opération qui réclame un véritable savoir-faire et une grande minutie. En 1757 (dynastie Qing), alors qu'il inspectait les régions au sud du Yangzi Jiang, l'empereur Qianlong fit d'ailleurs l'éloge de ce tour de main dans son poème *Ode au savoir-faire des producteurs de thé*. De nos jours, la torréfaction s'effectue avec des woks électriques, mais elle n'en reste pas moins une opération délicate. Les feuilles fraîchement cueillies doivent en effet d'abord être épandues en couche mince sur le sol pour commencer à tuer l'enzyme responsable de l'oxydation, puis être malaxées pendant 15 minutes. On les étale ensuite sur des clayettes pour leur permettre de redescendre en température et de se réhydrater légèrement, avant de les faire sauter et de les façonner dans des woks. Les feuilles subissent ensuite un premier criblage, puis sont à nouveau torréfiées avant d'être tamisées une dernière fois pour éliminer toutes poussières ou résidus restants. Enfin, on les trie selon leur grade et on les emballe pour les préparer à l'expédition.

Les feuilles de Long Jing sont plates, lisses et de couleur vert clair, plutôt vif. La liqueur offre un bouquet aromatique complexe, avec des notes fraîches et végétales et une belle longueur en bouche qui dévoile des notes iodées et grillées. Délicatement parfumée, la liqueur est dorée et brillante avec une texture très souple. Les feuilles infusées (que l'on appelle également « infusion ») tapissent uniformément le fond de la tasse.

Le Long Jing est principalement produit dans trois régions du Zhejiang, à savoir le district de Xihu, autour du fleuve Qiantang et dans l'ancienne préfecture de Yuezhou (actuelle Shaoxing). Parmi les variétés les plus connues, on peut ainsi citer le Xi Hu Long Jing, le Qian Tang Long Jing et le Yue Zhou Long Jing.

1. Xi Hu Long Jing (Long Jing du lac de l'Ouest)

Les collines du district de Xihu près de Hangzhou abritent de très anciennes plantations de théiers à partir desquelles on fabrique le Long Jing et, plus exactement, le très célèbre Xi Hu Long Jing. Ce thé tire son nom du Lac Xihu (lac de l'Ouest) près duquel on le cultive. Aujourd'hui, cette appellation regroupe aussi bien les thés cueillis et manufacturés à la main qu'à la machine. Les amateurs de thé considèrent le Xi Hu Long Jing comme le meilleur des Long Jing.

Les feuilles sèches

Bon à savoir

Pour conserver le Xi Hu Long Jing on l'enveloppe traditionnellement dans du papier chiffon, puis on le glisse dans un pot en grès avec une pochette de coton remplie de chaux vive.

La liqueur

L'infusion

2. Shi Feng Long Jing (Pic du Lion)

Le Shi Feng Long Jing représente le plus beau grade des Xi Hu Long Jing. Originaire de la montagne du même nom (mont Shi Feng, dans le district de Xihu), il est considéré comme le plus ancien et le plus authentique des Long Jing.

Les feuilles sèches

La liqueur

L'infusion

3. Long Jing Bai Cha

Le Long Jing Bai Cha – que les gens du cru appellent Long Cha – est essentiellement produit dans les régions d'Anji et Pan'an. Ce thé est manufacturé selon les mêmes procédés de fabrication que le Long Jing mais provient d'une variété de théiers à feuilles blanches endémiques à cette région.

Les feuilles sèches

Long Jing Bai Cha grand cru

Les feuilles sèches

Long Jing Bai Cha classique

4. Qian Tang Long Jing

Ce nom générique désigne une variété de Long Jing issu de théiers plantés dans les villes de Hangzhou, Lin'an, Fuyang, Jiande, et dans les districts de Xiaoshan, Yuhang, Chun'an et Tonglu.

Bon à savoir

Le processus traditionnel de fabrication du Long Jing ne compte pas moins de douze opérations qu'il faut coordonner, voire réaliser simultanément pour obtenir un thé de qualité : ainsi, on commence par mélanger les feuilles, puis on les couvre avec les paumes, avant de les prendre dans le creux de la main et de les presser contre la paroi chaude du wok. On les fait ensuite glisser entre les doigts, on les pétrit, les malaxe, les pince, puis on les remue avec des gestes amples avant de les rouler et les façonner pour obtenir la forme caractéristique du Long Jing.

Les feuilles sèches

La liqueur

L'infusion

5. Yue Zhou Long Jing

Cette appellation générique désigne toutes les variétés de Long Jing issues des théiers des districts de Xinchang, Yuecheng, Pan'an, Tiantai et des villes de Changzhou, Shaoxing, Zhuji, Shangyu et Dongyang. Outre le Zhejiang, d'autres provinces se sont lancées dans la production de Long Jing. Si les procédés de fabrication sont généralement les mêmes et les feuilles ne présentent, au premier abord, aucune différence avec celles du Long Jing du Zhejiang, les parfums et les arômes qu'elles développent en infusant manquent quelque peu de personnalité.

Bon à savoir

Contrairement aux autres thés verts, les feuilles de Long Jing sont généralement épandues au sol quelques heures avant d'être torréfiées pour éviter qu'elles ne conservent, une fois séchées, l'odeur trop verte des feuilles fraîches. Ce faisant, on cherche également à éviter qu'elles se parent d'une teinte trop foncée, ce qui les ferait paraître trop grossières pour cette variété.

Les feuilles sèches

La liqueur

L'infusion

6. Long Jing manufacturé à la machine

Comme son nom l'indique, ce Long Jing est manufacturé à l'aide de diverses machines ; ses propriétés organoleptiques seront donc différentes de celles des Long Jing traditionnels fabriqués de manière artisanale.

Bon à savoir

En laissant les feuilles se réhydrater légèrement après les avoir roulées puis mises à refroidir, on cherche à éviter qu'elles ne deviennent friables une fois sèches. En infusant, elles restent ainsi intactes et se déploient entièrement au contact de l'eau.

Les feuilles sèches

La liqueur

L'infusion

2. An Ji Bai Cha

Avec ses feuilles fraîches pareilles à de petites plumes blanches, l'An Ji Bai Cha compte parmi les thés d'exception du Zhejian. Dans les années quatre-vingt, un plant unique de cette variété de théiers a été découvert près du village de Daxi, dans le district d'Anji. Depuis, l'An Ji Bai Cha jouit d'un engouement croissant et les vastes jardins de thé où on le cultive désormais voient leur production augmenter chaque année. Si, à l'arrivée du printemps, ses bourgeons paraissent bien verts, ils dévoilent en s'ouvrant deux feuilles et un bourgeon d'un beau vert pâle presque blanc. C'est à cette période que la récolte a lieu, les feuilles reprenant rapidement une couleur verte une fois en contact prolongé avec la lumière. Pour ce qui est de sa fabrication, ce thé subit une double torréfaction au wok et au charbon.

Bon à savoir

L'An Ji Bai Cha contient 5 à 10 % d'acides aminés, soit deux – voire trois ! – fois plus que les autres thés. Pour le préparer au mieux, optez pour la méthode d'infusion n°2 (p.109). Commencez par hydrater les feuilles en les arrosant d'un peu d'eau chaude ; une fois les feuilles remontées à la surface, remuez doucement la tasse puis réalisez l'infusion.

Les feuilles sèches

La liqueur

L'infusion

3. Autres thés à feuilles blanches du Zhejiang

En dehors du district d'Anji, d'autres régions du Zhejiang se sont mises à cultiver des théiers à feuilles blanches. Les qualités organoleptiques de ces thés n'égalent cependant pas celles du An Ji Bai Cha.

Les feuilles sèches

La liqueur

L'infusion

4. An Ji Bai Pian

Les feuilles de ce thé également originaire du district d'Anji sont naturellement incurvées et d'un beau vert foncé. Leur agréable parfum est très montant et leur liqueur cristalline offre une attaque fraîche et une note finale plus gourmande. Une fois gorgées d'eau, les feuilles viennent se lover dans le fond de la théière.

Bon à savoir

Les feuilles d'An Ji Pian et d'An Ji Bai Cha proviennent de deux variétés différentes de théiers.

Les feuilles sèches

La liqueur

L'infusion

5. Thé vert bio

Le thé vert bio est un thé produit à grande échelle dans le district de Wuyi. Ses feuilles vert foncé sont très fines et donnent une liqueur jaune pâle et limpide. Son nez est généreux, ses arômes sont riches et savoureux et, une fois infusées, ses feuilles souples gardent une teinte très foncée.

Les feuilles sèches

La liqueur

L'infusion

6. Cui Jian bio

Ce thé est lui aussi originaire du district de Wuyi mais il s'agit d'un thé de haute qualité qui ne se compose que de bourgeons pointus d'un beau vert jade. Sa liqueur jaune pâle laisse échapper un bouquet très riche et persistant et offre des arômes à la fois ronds et frais, avant de se terminer sur une note moelleuse. L'infusion présente des feuilles souples et encore entières.

Infusion en verre à thé

Les feuilles sèches

La liqueur

L'infusion

7. Kai Hua Long Ding

Également connu sous le nom de Da Long Cha, ce thé est originaire du district de Kaihua. Uniquement composé de bourgeons compacts et bien dessinés, le Kai Hua Long Ding est un beau thé couleur de jade. Sa liqueur au parfum frais et persistant est ronde et rafraîchissante en bouche, claire et bien brillante d'aspect. Dans la tasse, les feuilles infusées se révèlent extrêmement régulières.

Les feuilles sèches

La liqueur

L'infusion

8. Xiang Cha

Produit dans le Songyang, le Suichang et dans quelques autres districts du Zhejiang, ce thé d'un beau vert foncé se présente en feuilles fines, compactes et légèrement incurvées. Celles-ci exhalent un parfum de fruits à coque (châtaigne) et donnent une liqueur vert-jaune à la fois douce et fraîche. L'infusion révèle quant à elle de nombreuses feuilles brisées.

Les feuilles sèches

La liqueur

L'infusion

II. Les thés verts du Jiangsu

Réputé pour ses somptueux paysages jalonnés de rivières et de lacs, le Jiangsu peut se targuer de posséder deux terroirs d'exception – l'un au nord et l'autre au sud de la province – de part et d'autre du Yangzi Jiang. La majorité des plantations et jardins de thé se situent à Suzhou, Nanjing, Zenjiang, Wuxi, Changshou et Yangzhou, et les grands thés de la région sont, entre autres, le Dong Ting Bi Luo Chun, le Nan Jing Yu Hua, le Yang Xian Xue Ya, le Li Yang Cui Bai, le Wu Xi Hao Cha, le Tai Hu Cui Zhu ou encore le Jing Tan.

Bon à savoir

Le Yang Xian Xue Ya tire son nom de la ville de Yangxian (actuelle Yixing) où, sous la dynastie Tang (618–907), on produisait un thé vert d'une qualité exceptionnelle.

Bi Luo Chun

« Partout sur la montagne poussent les théiers touffus, mais ceux qui donnent le Bi Luo Chun enivrent quiconque passe dans les 50 km alentours. »

Comme le sous-entend ce proverbe chinois, le Bio Luo Chun est un thé très odorant, une particularité qui lui a valu d'être longtemps appelé Xia Sha Ren Xiang qui, peut se traduire en chinois par « parfum étourdissant ». Sous la dynastie Qing, l'empereur Kangxi tomba cependant sous le charme des feuilles torsadées de ce thé et le rebaptisa ainsi Bi Luo Chun (spirales de jade de printemps). Traditionnellement cultivé sur les versants est et ouest du mont Dongting, le Bi Luo Chun a la réputation « d'être agréable pour les yeux, d'avoir une teinte douce, un parfum riche et des arômes moelleux ». Ses feuilles sèches sont très fines et torsadées avec des bourgeons extrêmement duveteux. Son nez est à la fois fruité et végétal, et sa liqueur limpide d'un beau vert clair offre des arômes frais, ronds et fruités avec une belle longueur en bouche. Dans le fond de la tasse, les feuilles infusées sont tendres et semblent encore plus petites que lorsqu'elles sont sèches.

Le Bi Luo Chun doit son parfum si particulier aux nombreux arbres fruitiers (néfliers du Japon, pruniers, abricotiers, grenadiers, noyers, ginkgos, etc.) qui jalonnent ses plantations. Son procédé de fabrication se déroule en quatre étapes : tout d'abord, les feuilles sont étalées en fine couche sur le sol puis roulées et façonnées à la main. Une fois départies d'environ 70 % de leur eau, elles sont alors pétries et roulées sur elles-mêmes de manière à faire apparaître leur duvet argenté. Enfin, elles sont disposées sur une feuille d'écorce de mûrier à papier et torréfiées au wok. Le travail des feuilles de Bi Luo Chun implique une grande dextérité puisque ces dernières doivent être flétries, roulées et séchées de façon continue sans jamais quitter le wok.

D'autres localité comme la ville de Liyang se sont lancées dans la fabrication du Bi Luo Chun, mais les caractéristiques visuelles et organoleptiques de leur production sont encore très éloignées de celle du Bi Luo Chun du mont Donting. Succès oblige, on trouve même désormais des manufactures de Bi Luo Chun dans d'autres provinces comme le Guizhou et le Jiangxi. Certains producteurs frauduleux vont même jusqu'à ajouter de la chlorophylle et des feuilles de néfliers du Japon dans leur production. Mais si il est souvent copié, le Bi Luo Chun n'est jamais égalé.

1. Dong Ting Bi Luo Chun

Le véritable Bi Luo Chun est cultivé et produit dans les vergers du versant ouest du mont Dongting, à proximité de Suzhou dans la province du Jiangsu.

Les feuilles sèches

La liqueur

L'infusion

2. Li Yang Bi Luo Chun

Les feuilles sèches

La liqueur

L'infusion

Les feuilles sèches

Bon à savoir

Bi Luo Chun du Guizhou

La province du Guizhou produit elle aussi du Bi Luo Chun, mais les propriétés esthétiques et organoleptiques de ce dernier n'égalent cependant pas celles de l'original.

La liqueur

L'infusion

Bon à savoir

- Il faut 60 000 à 70 000 bourgeons pour fabriquer 500 g de Bi Luo Chun.
- Seul le bourgeon et la feuille sous-jacente sont récoltés pour fabriquer le Bi Luo Chun. On cherche ainsi à avoir une cueillette fine, uniquement composée de jeunes pousses et sans feuilles grossières.
- La méthode d'infusion idéale pour préparer le Bi Luo Chun est la méthode n°2 (p. 109). La température de l'eau ne devrait quant à elle pas dépasser les 75° C.
- Traditionnellement, les jardins de thé destinés à la production de Bi Luo Chun sont jalonnés d'arbres fruitiers.
- Le façonnage des feuilles de Bi Luo Chun en petites spirales est une opération délicate qui demande un grand savoir-faire : les feuilles sèches doivent être fines, bien compactes, enroulées sur elles-mêmes, et laisser apparaître à la fois le vert des feuilles et le duvet argenté des bourgeons.
- L'origine du changement de nom du Bi Luo Chun (précédemment connu sous le nom Xia Sha Ren Xiang) est aujourd'hui encore sujette à débat. Certains considèrent en effet que cette nouvelle appellation fait honneur à la forme torsadée et le roulage en spirale des feuilles de thé, quand d'autres pensent qu'elle fait référence à un monastère isolé où les moniales manufacturaient autrefois le thé cueilli sur le pic de Bi Luo.

D'après le folklore local, le Bi Luo Chun tirerait plutôt son nom des amours d'un jeune pêcheur, Ah Xiang, et d'une belle jeune femme répondant au nom de Bi Luo. Malheureusement pour les amants, un dragon maléfique se serait lui aussi épris de Bi Luo, et Ah Xiang n'eut alors d'autre choix que de partir combattre la créature pour sauver sa bien-aimée. À la fin du duel, Ah Xiang avait perdu énormément de sang et il perdit connaissance. Pour le soigner, Bi Luo partit en quête de plantes médicinales sur les versants escarpés de la montagne. Apercevant un bosquet de jeunes théiers sauvages, elle se hâta de cueillir leurs feuilles, de les mettre à bouillir et d'en faire boire la liqueur à Ah Xiang. Le jeune homme recouvra immédiatement ses forces, mais Bi Luo, en revanche, succomba à la fatigue. Ah Xiang saisit alors la jeune femme dans ses bras et gravit la montagne à son tour pour enterrer sa belle au pied des théiers qui lui avaient sauvé la vie. Les arbustes se mirent alors à pousser vigoureusement et on nomma le thé qu'ils produisirent Bi Luo Chun à la mémoire de la jeune femme.

Enfin, il existe une autre légende – plus communément admise – qui raconte qu'autrefois les villageois du versant est des monts Donting avaient pour habitude de récolter les feuilles des théiers sauvages qui poussaient sur le pic de Bi Luo et de les faire rôtir pour fabriquer du Xia Sha Ren Xiang. Alors qu'il voyageait incognito à travers son empire, l'empereur Kangxi se fit offrir une tasse de Xia Sha Ren Xiang. Subjugué par le goût et les parfums uniques de ce thé, l'empereur décida de lui donner un nom à la hauteur de ses qualités et le rebaptisa ainsi Bi Luo Chun (littéralement « spirales de jade de printemps »).

La certification Qualité et Sécurité chinoise

Focus 2

Si vous achetez régulièrement des denrées alimentaires en provenance de Chine, vous avez certainement déjà remarqué un logo « QS » (voir ci-dessous) sur l'emballage de vos produits, quelle que soit leur marque. Savez-vous cependant ce qu'il représente et à quoi il correspond ?

Le logo « QS » est un label attribué aux produits qui répondent aux normes de qualité (Q) et de sécurité (S) alimentaire chinoises. Pour déterminer s'ils méritent d'être labélisés, les produits sont soumis à toute une batterie de tests et de contrôles par les autorités compétentes du pays.

Aujourd'hui, seuls les produits alimentaires jugés sains – et ayant donc obtenu la certification Qualité et Sécurité – sont autorisés à la vente. Depuis 2005, le thé est officiellement considéré comme une denrée alimentaire et doit donc se plier aux mêmes exigences pour pouvoir être commercialisé. Entre 2006 et aujourd'hui, de nombreuses manufactures ont déjà été récompensées par ce label qualité, et celles pour qui ce n'est pas encore le cas mettent tout en œuvre pour obtenir le précieux sésame.

Les plantations étant réparties de façon disparate sur le territoire chinois, l'industrie du thé est en effet restée plusieurs années sans subir de contrôle sanitaire. Il était alors difficile de vérifier quelle plantation respectaient ou ne respectaient pas les normes en vigueur et il s'est avéré que plusieurs variétés de thés comportaient des teneurs en pesticides et en métaux lourds plus élevées que le maximum autorisé.

Ces dernières années, l'exportation du thé chinois a d'ailleurs beaucoup souffert de ce manque de réglementation et la mauvaise publicité générée par des affaires comme celles du Bi Luo Chun contaminé (Anhui) ou du Bi Luo Chun teinté (Guizhou) ont eu un impact très négatif sur les ventes de thé à l'étranger. Depuis, les problèmes sanitaires de l'industrie du thé sont devenus l'un des chevaux de bataille des autorités chinoises qui ont pris les mesures nécessaires pour renforcer les contrôles et faire en sorte que les thés mis en vente sur le marché ne présentent plus aucun danger pour le consommateur.

质量安全

Logo Qualité et Sécurité

III. Les thés verts de l'Anhui

De par sa situation géographique, la province de l'Anhui appartient à la fois à la zone de production du sud du Yangzi Jiang et à celle du nord. Les plantations et jardins de thé de cette région sont principalement implantés sur des massifs montagneux, comme les monts Huang, Jiuhua et Dabie. D'après *les Annales de la préfecture de Huizhou* (qui correspond aujourd'hui au nord de l'Anhui), les premiers théiers de la province ont été plantés sous la dynastie Song, sur le mont Huang, mais les plantations n'ont cependant commencé à se développer que sous la dynastie Ming. Aujourd'hui, l'Anhui produit des thés de renommée internationale comme le Huang Shan Mao Feng, le Tai Ping Hou Kui ou encore le Yong Xi Huo Qing.

1. Huang Shan Mao Feng

À la fois brumeux et nuageux, le Huang Shan est un massif montagneux propice à la production du « Mao Feng », un thé de qualité supérieure, très riche en bourgeons. Ce thé mythique se présente sous forme de pointes duveteuses bien brillantes avec les bords légèrement brunis. Son parfum reste dense, même après plusieurs infusions successives.

Avec ses feuilles façonnées en langues de moineau, ses bourgeons parés d'un doux duvet argenté, sa liqueur dorée et son incroyable profil aromatique, le Huang Shan Mao Feng est, d'avis général, le plus beau des « Mao Feng ». Sa cueillette et sa manufacture sont d'une finesse exceptionnelle et ne laissent place à aucune approximation : les feuilles subissent ainsi une double torréfaction au charbon, d'abord à feu vif puis au-dessus d'un feu plus modéré. De nos jours, certaines manufactures ont renoncé à cette méthode traditionnelle et effectuent cette opération à la machine. On reconnaît un Huang Shan Mao Feng de qualité à ses feuilles vert-jaune, ses bourgeons charnus, son parfum végétal et floral, ses arômes riches et complexes aux notes fruitées, iodées et épicées, sa liqueur limpide, lumineuse et très onctueuse en bouche, et à la teinte jaune dont se parent ses feuilles au cours de l'infusion.

Cependant, la réputation du Huang Shan Mao Feng ne repose pas uniquement sur ses qualités organoleptiques : d'après une légende chinoise, ce thé devrait en effet ses origines à une jeune fille nommée Luo Xiang qui aurait vécu autrefois et dont la beauté était si époustouflante que les villageois la surnommaient « le phénix des montagnes lointaines ». Bien qu'elle soit très courtisée, la jeune femme décida de s'en remettre aux pouvoirs magiques du thé pour choisir son futur époux. L'un de ses prétendants, Shi Yong, finit ainsi par conquérir son cœur mais les soupirants éconduits acceptèrent mal cette nouvelle et se vengèrent en battant le jeune homme à mort. Le cœur brisé, Luo Xiang demanda à ses proches de transporter la dépouille de Shi Yong près d'un ruisseau de montagne, à l'ombre d'un jeune théier qui poussait sur la rive. La jeune femme dévastée versa toutes les larmes de son corps sur le jeune plant ainsi que quelques gouttes de son sang. Touchés par la souffrance de Luo Xiang, les dieux décidèrent alors de renvoyer Shi Yong au royaume des vivants en se servant des feuilles du théier pour lui rendre force et vigueur. C'est ainsi que les deux amants partagèrent ensuite une vie heureuse et que ledit théier donna naissance à la variété que l'on connaît aujourd'hui sous le nom de Huang Shan Mao Feng.

1. Huang Shan Mao Feng produit à la machine

Les feuilles sèches

La liqueur

L'infusion

2. Huang Shan Mao Feng produit à la main

Les feuilles sèches

Bon à savoir

Pour préparer votre Huang Shan Mao Feng, privilégiez la méthode d'infusion n°2 (p. 109). Il se peut qu'en début d'infusion les feuilles restent en surface, mais après quelques instants, elles vont tomber lentement dans le fond de la tasse. Une fois gorgées d'eau, les feuilles en forme de fleurs d'orchidée sont un véritable délice pour les yeux.

La liqueur

L'infusion

2. Tai Ping Hou Kui

Ce célèbre thé torréfié au charbon est principalement produit autour de Houkeng, Houcun et Hougang dans la région de Taiping. Au contact de l'eau chaude, ses feuilles aplaties en rameaux reprennent leur forme d'origine et dévoilent une veine centrale de couleur rouge. Comparée à celle des autres thés, la récolte du Tai Ping Hou Kui est relativement tardive puisqu'elle a lieu autour de Gu Yu (fin avril). Sa fabrication ne comprend que deux étapes : la torréfaction et la dessiccation. Les feuilles de Tai Ping Hou Kui sont ainsi étalées sur des feuilles de bambou que l'on place dans de grands paniers avant de les torréfier au charbon. Une fois que les feuilles ont perdu environ 60 à 70 % de l'eau qu'elles contenaient, on les sort du panier et les laisse refroidir au sol environ 2 heures. On répète ensuite cette opération en déshydratant les feuilles à 85 %, puis en les séchant complétement. À la fin du processus, le Tai Ping Hou Kui présente des feuilles aplaties et rectilignes repliées sur un bourgeon qui n'apparaît qu'au moment de l'infusion. Les feuilles sont recouvertes d'un beau duvet gris et leur teinte varie du vert intense à l'argenté. Leur puissant parfum végétal envoûte longtemps le nez, et leurs arômes ronds et complexes passent des notes fraîches aux pics torréfiés et se terminent sur une note minérale d'une belle longueur. La liqueur cristalline est vert tendre et, au contact de l'eau chaude, les feuilles s'éclaircissent et se déploient de manière homogène dans le fond de la tasse.

1. Tai Ping Hou Kui produit à la main

Les feuilles sèches

La liqueur

L'infusion

2. Tai Ping Hou Kui produit à la machine

La liqueur

Les feuilles sèches

L'infusion

Le Tai Ping Hou Kui (littéralement « le singe champion de Tai Ping ») tient son nom d'une ancienne légende chinoise qui circule à son propos. On raconte en effet qu'un vieux couple de singes blancs vivait jadis dans les monts Huang. Un jour, alors que l'un de leurs rejetons avait disparu, le couple se mit à sa recherche et finit par tomber d'épuisement au pied de la montagne. Un habitant de la région, Wang Lao'er, les ramena alors chez lui et s'efforça de les soigner avec des plantes médicinales. Une fois remis sur pied, les deux singes décidèrent d'aider leur sauveur pour lui témoigner leur reconnaissance. C'est ainsi que Wang Lao'er leur enseigna comment cueillir le thé qui poussait sur les flancs escarpés de la montagne et que naquit le thé Hou (« thé de singe ») et le Hou Jian (« bourgeons de singe »). Le thé de Wang Lao'er présentait cependant de telles qualités gustatives qu'il fut rapidement renommé Hou Kui ou Kui Jian (Kui signifiant « champion ») pour accentuer sa supériorité.

Le Tai Ping Hou Kui se décline en trois grades : le Hou Kui, le Hou Jian et le Jian Cha.

Pour préparer au mieux votre Tai Ping Hou Kui, optez pour les méthodes n°2 ou 3 (p. 109) et préférez les tasses en céramique ou en porcelaine. De plus, les feuilles du Tai Ping Hou Kui étant de belle longueur, il est préférable de choisir des tasses profondes.

Bon à savoir

Ce thé se distingue par la puissance de son parfum lors de la première infusion et la force de ses arômes lors de la seconde. Les deux infusions suivantes, en revanche, présentent des caractéristiques plus douces et mesurées.

3. Liu An Gua Pian

Le Liu An Gua Pian a la particularité de subir une triple torréfaction au charbon. Comme son nom l'indique, ce thé est majoritairement cultivé dans le district de Liu'an mais les grands crus proviennent plutôt du district de Jingshan. Il se compose uniquement de feuilles froissées vert très foncé et ne compte ni tige ni bourgeon. Leur surface est délicatement argentée, comme recouverte de givre. La liqueur d'un beau vert soutenu exhale de longues notes fruitées et délivre des arômes doux et même légèrement sucrés en fin de bouche.

Les feuilles sèches

La liqueur

L'infusion

Liu An Gua Pian grand cru

Les feuilles sèches

La liqueur

L'infusion

Liu An Gua Pian classique

4. Song Luo Cha

Le Song Luo Cha est un thé originaire du mont Songluo dans le district de Xiuning et très célèbre de par son histoire. D'après ce que l'on peut lire dans les livres anciens traitant de la pharmacopée chinoise, le Song Luo Cha pourrait en effet être utilisé comme plante médicinale pour favoriser la digestion, apaiser les inflammations et rééquilibrer le qi (énergie vitale). On raconte que sous la dynastie Ming, à l'époque où les épidémies de typhus et de dysenterie faisaient rage, les habitants du Xiuning se rendaient régulièrement au temple de Rangfu pour faire brûler de l'encens et invoquer Bouddha. Pour récompenser leur dévotion, un moine leur fit alors envoyer un sachet de Song Luo Cha en leur expliquant comment l'utiliser à bon escient : pour les cas les moins graves, les malades devaient simplement boire le thé infusé dans l'eau chaude ; les personnes les plus gravement atteintes, en revanche, devaient préparer une mixture à base de Song Luo Cha, de gingembre cru, de sel et de riz gluant, faire dorer le mélange au wok, puis le réduire en purée, avant de le délayer avec de l'eau et enfin de le boire. D'après la légende, tous les malades ayant suivi ces recommandations ont rapidement retrouvé la santé.

Les feuilles de Song Luo Cha sont d'un beau vert émeraude, étroitement roulées et exhalent un parfum très frais. Leur liqueur vert clair est bien brillante et pleine en bouche. L'infusion présente des feuilles souples, tendres et encore bien vertes.

Les feuilles sèches

La liqueur

L'infusion

IV. Les thés verts du Sichuan

Niché dans le sud-ouest de la Chine, le Sichuan fait partie des premières provinces à s'être lancées dans la culture du thé. Dans la région, les jardins de thé se trouvent pour la plupart en altitude, notamment sur le mont Emei, la cordillère du Qionglai ou près des villes de Yibin, Zigong, Ya'an et Suining. Ces plantations donnent naissance à de nombreuses variétés célèbres comme le Meng Ding Gan Lu, le Meng Ding Shi Hua, le E Mei Zhu Ye Qing, le Wen Jun Lu Cha, le Meng Shan Que She et le Qing Cheng Xue Ya.

1. E Mei Zhu Ye Qing

Ce thé est sorti de l'ombre dans les années soixante, lors d'une visite de Chen Yi (1901-1972) – un général communiste, homme d'état et maréchal de l'Armée populaire de libération – sur le mont Emei. À cette occasion, on lui fit goûter une tasse de thé local et le maréchal fut immédiatement conquis par son parfum délicat et la complexité de son bouquet. La ressemblance des feuilles avec celles du bambou le frappa également et il décida ainsi de nommer ce thé Zhu Ye Qing (littéralement « feuilles de bambou vertes »).

Sur le plan visuel, les feuilles sont en effet plates, lisses, bien droites et d'un beau vert vif. La liqueur vert pâle du E Mei Zhu Ye Qing exhale des parfums subtils mais qui persistent longtemps dans le nez. Les arômes tout en rondeur présentent des notes végétales rafraîchissantes et se terminent sur une note sucrée. Une fois infusées, les feuilles ne sont pas déchirées et conservent leur forme initiale.

Au contact de l'eau chaude, les feuilles du E Mei Zhu Ye Qing flottent quelques instants à la surface avant de tomber dans le fond de la tasse à mesure qu'elles se gorgent d'eau. Pour observer ce « ballet », le verre à thé constitue le récipient idéal. En ce qui concerne la préparation, optez de préférence pour la méthode d'infusion n°2 (p. 109), prenez le temps de regarder les feuilles du E Mei Zhu Ye Qing danser, d'en humer et d'en apprécier les parfums délicats, avant de savourer votre breuvage à petites gorgées.

Infusion en verre à thé

Les feuilles sèches

La liqueur

L'infusion

2. Meng Ding Gan Lu

« L'eau puisée au cœur du Yangzi Jiang est la meilleure de toutes, et le thé qui pousse au sommet du mont Mengding n'a pas d'égal. »

Le Meng Ding Gang Lu est une variété de thé vert produit sur le mont Mengding dans l'ouest du district de Mingshan. On raconte que Wu Lizeng – que les Chinois surnomment également le « Maître de la rosée » ou « l'Ancêtre du thé » – y aurait personnellement planté sept théiers qui sont encore visibles aujourd'hui sur le Pic de Shangqing. Pour ne rien gâcher, c'est également dans cette région qu'est produit le célèbre thé jaune Meng Ding Huang Ya.

Les feuilles sèches

Le Meng Ding Gang Lu se présente sous forme de feuilles incurvées avec des bourgeons duveteux qui donnent une liqueur vert-jaune aux parfums doux et aux arômes frais et légèrement sucrés. Ses feuilles infusées sont souples et tirent vers le kaki.

La méthode d'infusion idéale pour tirer la quintessence de ce thé est la n°2 (p. 109). Au contact de l'eau, les bourgeons fins et tendres du Meng Ding Gang Lu se déploient lentement, puis viennent harmonieusement tapisser le fond de la tasse.

La liqueur

L'infusion

V. Le thé vert du Henan

Province située au nord du Yangzi Jiang, le Henan organise sa production de thé vert dans les régions de Huangchuan, Luoshan, Guangshan, Gushi, Shangcheng, Tongwu et Miyang dans la préfecture de Xinyang. D'après les écrits anciens, cette région aurait été l'une des premières à cultiver le thé il y a de ça 1 200 ans ! Le Xin Yang Mao Jian est le fer de lance de sa production, mais d'autres variétés sont également très connues de par le monde comme le Yun Ya Cui Hao, le Yang Tian Xue Lu, le Jing Gang Bi Lu et le Tai Bai Yin Feng – respectivement originaires des districts de Huangchan, Gushi, Shangcheng et Tongwu.

Xin Yang Mao Jian

Comme son nom l'indique, le Xin Yang Mao Jian est originaire de la ville de Xinyang dans le Henan. Cette région dite des « cinq nuages et des deux lacs » est célèbre pour la qualité de ses jardins de thé. Les cinq nuages font en fait référence aux cinq montagnes qui ceignent la région, à savoir les monts Cheyun, Tianyun, Yunwu, Jiyun et Liangyun, et les deux lacs au Heilongtang et au Bailongtang.

Ses feuilles fines et compactes semblent entortillées sur elles-mêmes et présentent une belle couleur vert jade. Sa liqueur limpide dégage des parfums puissants et persistants avec une bouche fraîche et très herbacée. Ses arômes moelleux rappellent les légumes cuits (artichaut) puis évoluent vers des notes plus douces et fruitées. Ses feuilles infusées sont tendres et restent bien vertes.

Les feuilles sèche

Xin Yang Mao Jian grand cru

La liqueur

L'infusion

Les feuilles sèches

La liqueur

L'infusion

Xin Yang Mao Jian de qualité

Les feuilles sèches

La liqueur

L'infusion

Xin Yang Mao Jian classique

Bon à savoir

En 2006, lors d'une vente aux enchères organisée à l'occasion du festival international du thé de Xinyang, le prix du Liang Tian Yu Ye – une variété de Xin Yang Mao Jian – a atteint des sommets : 149 000 ¥ (soit 18 300 €) les 100 g !

Le Xin Yang Mao Jian a remporté la médaille d'or du meilleur thé du monde à l'Exposition universelle de 1915.

Pour tirer la quintessence de votre Xin Yang Mao Jian, préparez-le dans des verres à thé ou dans une théière en porcelaine selon la méthode n°2 (p. 109).

VI. Les thés verts du Jiangxi

Dans le Jiangxi (au sud du Yangzi Jiang), on cultive principalement des thés d'altitude, notamment dans le massif du Jinggang et sur les monts Lu, Dazhang et Jiuling, mais d'autres districts au relief moins spectaculaire (Wuyuan, Ningdu, Xiushui, Shangyou, Nanchang) comptent également de nombreuses plantations. La majorité des thés produits dans la région sont des thés verts, parmi lesquels on distingue le Lu Shan Yun Wu, le Wu Yuan Ming Mei, le Xiao Bu Yan, le thé vert du Shuangjian, le Gou Gu Nao ou encore le Shang Rao Bai Meng.

1. Wu Yuan Ming Mei

D'après un proverbe chinois, on ne peut trouver du thé Ming Mei que dans la plus belle contrée du monde, à savoir le district de Wuyuan qui, en Chine, est extrêmement réputé pour la beauté de ses paysages. De par sa situation géographique aux confins des provinces de l'Anhui et du Jiangxi, le Wuyuan était autrefois administré par la préfecture de Hui.

En mars 2005, les autorités locales ont fait les démarches nécessaires pour que les thés cultivés et produits dans la région puissent obtenir le label « thé vert du Wuyuan ». Parmi ces thés labellisés, le Wu Yuan Ming Mei est le plus réputé, en partie grâce à son procédé de fabrication qui implique de laisser légèrement flétrir les feuilles, puis de les rouler, et enfin de leur faire subir une torréfaction en trois étapes (charbon, wok, charbon).

Façonnées en forme de sourcils, les feuilles de Wu Yuan Ming Mei sont partiellement recouvertes de duvet argenté et offrent une liqueur verte aux arômes à la fois frais, gourmands et ronds qui se terminent sur une note fruitée d'une belle longueur. Une fois infusées, ses feuilles apparaissent intactes, souples et régulières.

Bon à savoir

Ce thé se prépare idéalement selon la méthode n°2 (p. 109). Pendant que votre thé infuse, prenez le temps d'observer ses feuilles : les Chinois disent qu'elles ressemblent aux fleurs de prunier qui tombent à l'automne. Pour une dégustation optimale, notez également que les parfums et les arômes du Wu Yuan Ming Mei atteignent leur apogée lors de la seconde infusion, plutôt que lors de la première. Ils restent ensuite constants, même après plusieurs passages d'eau.

Les feuilles sèches

La liqueur

L'infusion

Wu Yuan Ming Mei grand cru

La liqueur

L'infusion

Les feuilles sèches

Wu Yuan Ming Mei classique

2. Thé vert du Wuyuan

Sobrement appelé Wu Lu, ce thé de qualité moyenne est destiné à une consommation quotidienne. Produit dans le district de Wuyuan, il a un nez très montant, des arômes ronds et amples, une liqueur particulièrement limpide et une infusion bien verte. Destiné à la base à l'exportation, il compte désormais parmi les thés les plus connus de Chine.

Les feuilles sèches

La liqueur

L'infusion

3. De Yu Huo Cha

Produit dans les campagnes du district de Wuyuan, ce thé présente des feuilles droites d'un beau vert vif avec un léger duvet argenté. Ses arômes sont fruités et doux, ses parfums puissants et persistants. La liqueur est vert-jaune et l'infusion ne révèle aucune feuille brisée.

Les feuilles sèches

La liqueur

L'infusion

VII. Les thés verts du Hunan

Situé au sud du Yangzi Jiang, le Hunan est l'une des provinces les plus actives en matière de production de thé vert. Ses principales plantations se trouvent aux alentours des villes et préfectures de Changsha, Changde, Henyang, Yueyang, Yiyang et Binzhou. Les variétés spécifiques de la région sont le Gao Qiao Yin Feng, le Xiang Bo Lu, le An Hua Song Zen, le Dong Ting Chun Ya, le Lan Ling Mao Jian, le Gui Dong Ling Long, le Nan Yue Yun Wu, le Jiang Hua Gu Cha, le Zi Xing Gou Nao (ancien thé du tribut), le thé sauvage de Taoyuan ou encore le Jie Tan Cha. De par la richesse du sol dans lequel les théiers sont cultivés, les thés verts du Henan sont particulièrement riches en oligoéléments et offrent des arômes très marqués et rafraîchissants.

1. Gao Qiao Yin Feng

Le Gao Qiao Yin Feng est une variété de thé vert torréfié au charbon développé depuis 1959 par l'Institut de recherches sur le thé du Hunan et produit à Gaoqiao, dans le district de Changsha. Ses feuilles compactes sont finement torsadées et recouvertes d'un beau duvet argenté qui contraste avec leur teinte vert jade. Sa liqueur jaune paille est bien brillante et son parfum puissant persiste longtemps dans le nez. Ses notes végétales sont rafraîchissantes et équilibrées et son infusion présente des feuilles souples qui tapissent uniformément le fond de la tasse.

Les feuilles sèches

La liqueur

L'infusion

2. Shi Men Yin Feng

Le Shi Men Yin Feng est un thé aux feuilles torsadées, torréfié au charbon et produit dans le district de Shimen (dans l'ouest du Hunan). Il offre un joli contraste entre le vert vif de ses feuilles et le duvet argenté de ses bourgeons. Sa liqueur vert-jaune est bien brillante et laisse échapper des parfums puissants et persistants. Ses arômes moelleux et frais à l'attaque laissent progressivement place à des notes plus gourmandes et vertes. Après avoir été infusées, les feuilles paraissent régulières et intactes.

Les feuilles sèches

La liqueur

L'infusion

3. Xiang Bo Lu

Comme le Gao Qiao Yin Feng, ce thé est développé par l'Institut de recherches sur le thé du Hunan et produit à Gaoqiao. Il se caractérise par ses feuilles vert vif en forme de spirales, sa liqueur vert-jaune très lumineuse et son parfum franc et authentique de fruits à coque (châtaigne). En bouche, il est rafraîchissant et doux et, dans le fond de la tasse, ses feuilles sont souples et tendres.

Les feuilles sèches

La liqueur

L'infusion

Focus 3 La conservation du thé vert

Les thés primeurs, c'est-à-dire ceux dont la récolte a été effectuée au début du printemps, sont considérés comme les thés les plus exquis. Ils présentent des feuilles vert vif intensément parfumées, une liqueur brillante, limpide, bien verte, et laissent une forte impression de fraîcheur en bouche.

Pour préserver toutes les qualités organoleptiques d'un thé, il est cependant essentiel de le conserver dans des conditions optimales.

Les cinq paramètres à prendre en compte

La température

La chaleur est l'un des principaux facteurs de dégradation du thé vert. Plus les feuilles sont exposées à la chaleur, plus leurs polyphénols sont sujets à l'oxydation et donc plus le thé se dégrade rapidement.

L'oxygène

L'air ambiant se composant d'environ 20 % d'oxygène, les polyphénols contenus dans les feuilles de thé continuent de s'oxyder à chaque fois que ces dernières entrent au contact de l'air. Ainsi, plus elles sont exposées à l'air, plus les feuilles sont susceptibles de s'abîmer.

L'humidité

Les feuilles comprennent de nombreux composés hydrophiles et, mêmes sèches, elles sont hautement sensibles à l'humidité : si vous les entreposez dans un endroit trop humide, elles risquent de se gorger d'eau et de se dégrader, voire de moisir.

La lumière

Avec la photosynthèse, les pigments et esters contenus dans les feuilles de thé peuvent dégager des odeurs indésirables quand ces dernières subissent une exposition prolongée à la lumière.

Les odeurs environnantes

Les feuilles de thé étant composées de fibres poreuses, elles ont tendances à absorber les odeurs environnantes. Si vous ne prenez pas soin de conserver votre thé à l'abri des odeurs ambiantes, vous risquez ainsi d'en dénaturer les arômes et parfums.

Les différentes méthodes de conservation

Le réfrigérateur

Pour conserver le thé vert dans les meilleures conditions, divisez les feuilles en plusieurs petits tas et empaquetez-les dans des sacs congélation individuels. Refermez les sacs et placez-les au réfrigérateur, idéalement entre 3 et 6° C. (Remarque : les sacs doivent être fermés hermétiquement de manière à ne pas laisser l'air entrer au contact des feuilles de thé. Si possible, stockez votre thé dans un réfrigérateur réservé à cet effet ou, à défaut, dans votre réfrigérateur principal mais en prenant soin de ne pas laisser votre thé à proximité de produits fortement odorants.) Quand arrive l'heure de boire votre thé, sortez simplement un sachet du réfrigérateur et utilisez les feuilles qu'il contient pour préparer votre breuvage.

Les récipients hermétiques

Le thé vert peut également se conserver à température ambiante à condition d'être placé dans un récipient hermétique et stocké à l'abri de la chaleur, de la lumière et de l'humidité. Le récipient choisi doit être suffisamment hermétique pour ne pas laisser filtrer l'air et les odeurs environnantes.

Le conditionnement sous atmosphère protectrice

Le thé vert supporte mal le conditionnement sous vide qui désagrège ses feuilles et altère ainsi leurs qualités esthétiques et gustatives. Le conditionnement sous atmosphère protectrice, en revanche, permet de garder les feuilles intactes.

La chaux vive

Empaquetez soigneusement vos feuilles de thé dans du papier chiffon. Remplissez une petite pochette en coton de chaux vive et glissez-la au fond d'un pot en grès. Déposez les feuilles sur la pochette de chaux et refermez hermétiquement le pot avant de l'entreposer dans un endroit sec et frais. Vérifiez régulièrement l'état de la chaux et changez-la dès qu'elle vous paraît trop humide. Traditionnellement, c'est cette méthode qui est utilisée pour conserver le Long Jing.

En substance, le thé vert doit impérativement être stocké loin de toute odeur persistante, à l'abri de la chaleur, de l'humidité, de la lumière, et ne pas entrer en contact avec l'air ambiant. À l'achat, les feuilles de thé ne devraient pas contenir plus de 6 % d'eau : si ce pourcentage est plus (ou moins) élevé, vos feuilles risquent en effet de s'altérer rapidement. De plus, quand vous achetez thé en gros, pensez à le diviser en portions individuelles : il sera ainsi plus facile à conserver et à consommer. Enfin, si vous conservez plusieurs types de thés, placez-les chacun dans une boîte dédiée. Une boîte ayant servi précédemment à conserver un certain type de thé ne devrait jamais être réutilisée pour en stocker un autre.

VIII. Les thés verts du Shandong

Située sur la rive nord du Yangzi Jiang, la province de Shandong ne fait historiquement pas partie des grandes régions productrices de thé. Les manufactures de thé ne s'y sont en effet implantées que dans les années soixante-dix mais, aujourd'hui, plusieurs districts se consacrent à cette activité : c'est le cas, par exemple, des régions du Laoshan, du Chunanyimeng ou de Rizhao, les thés verts issus des deux derniers étant les plus réputés. Un goût prononcé, une liqueur cristalline et pure, et une belle longueur en bouche sont des caractéristiques que l'on retrouve dans tous les thés primeurs de qualité supérieure cultivés dans le Rizhao.

1. Thé vert du Laoshan

Cette variété de thé vert produit dans la chaîne de montagne du Laoshan fait partie des thés qui subissent une double torréfaction, au wok et au charbon. Ses feuilles sèches vert foncé sont torsadées avec un contour bien net ; sa liqueur d'un beau vert-jaune soutenu exhale des parfums de châtaigne et livre des arômes ronds et légèrement gourmands en fin de bouche. Ses feuilles infusées sont souples, tendres, régulières et encore intactes après l'infusion.

Les feuilles sèches

La liqueur

L'infusion

IX. Les thés verts du Guizhou

La province du Guizhou se situe sur le plateau Yunnan-Guizhou dans le sud-ouest de la Chine. Dans cette région, la production de thé vert s'organise autour des villes de Liupanshui, Guiyang, Duyun et dans les districts de Meitan, Liping, Shuicheng, Guiding, Luodian et Fenggang. Les variétés emblématiques du Guizhou sont le Du Yun Mao Jian, le Zun Yi Mao Feng, le Gui Ding Yun Wu, le Dong Po Mao Jian et le Feng Gang Fu Xi.

1. Mei Tan Que She

Ce thé torréfié au charbon est originaire du district de Meitan et possède des feuilles plates et lisses d'un superbe vert vif. Sa liqueur légère et limpide exhale un parfum subtil et délivre des notes végétales, fraîches et vanillées. Une fois infusées, ses feuilles restent intactes, tendres et délicates.

La liqueur

L'infusion

Les feuilles sèches

2. Mei Tan Cui Ya

Thé également produit dans le district de Meitan, le Cui Ya présente des feuilles plates, courtes et pointues d'un vert émeraude. Leur parfum délicat s'attarde longtemps dans le nez et la liqueur vert vif apporte une impression de fraîcheur en bouche. Ses arômes sont néanmoins moelleux et très légèrement sucrés. Les feuilles infusées sont encore entières.

Les feuilles sèches

La liqueur

L'infusion

3. Du Yun Mao Jian

Ce thé historique présente des feuilles recouvertes de duvet argenté et façonnées en forme de petits hameçons. Il donne une liqueur jaune d'or au nez très montant et persistant. Ses notes profondes et végétales laissent une impression de fraîcheur gourmande dans la bouche longtemps après la dernière gorgée. L'infusion est kaki et bien brillante.

Les feuilles sèches

La liqueur

L'infusion

4. Zun Yi Mao Feng

Ce thé originaire du district de Meitan tire son nom de la conférence de Zunyi (janvier 1935), un évènement clé de l'histoire du Parti communiste chinois. Ses feuilles fines sont étroitement roulées et recouvertes de duvet argenté. Sa liqueur est d'un beau jaune d'or avec un parfum doux et persistant, et ses arômes sont à la fois puissants, moelleux et frais. Son infusion reste bien verte.

Les feuilles sèches

La liqueur

L'infusion

X. Les thés verts du Shaanxi

Située au nord du Yangzi Jiang, le Shaanxi pâtit de températures hivernales peu propices à la culture des théiers. On trouve cependant au sud de la province – près de la frontière du Sichuan et du Hubei – une région surnommée le « Petit Jiangnan » qui offre un climat plus tempéré et un sol fertile, avec des caractéristiques proches de celles de la zone de production du sud du Yangzi Jiang. Certains thés locaux sont très anciens, à l'instar du Ba Shu qui était déjà cultivé dans le Ziyang avant l'avènement de la dynastie Tang. Dans cette région montagneuse, le sol regorge de sélénium, un oligoélément qui contribue à renforcer le système immunitaire de l'homme. Ainsi, certains thés issus de ce terroir sont considérés par les gens du cru comme des toniques : c'est le cas notamment du Fu Xi (p. 79) – littéralement « thé riche en sélénium » –, mais aussi du Wu Zi ou du Wu Zi Xian Hao.

1. Wu Zi

Ce thé originaire du district de Xixiang se présente sous forme de feuilles compactes d'un beau vert foncé. De sa liqueur jaune d'or avec des reflets verts se dégage un parfum de fruits à coque (châtaigne). Ses arômes sont puissants et corsés et ses feuilles infusées sont plus claires que ses feuilles sèches. De par la richesse du sol sur lequel il pousse, ce thé possède une forte teneur en zinc et en sélénium.

Les feuilles sèches

La liqueur

L'infusion

2. Wu Zi Xian Hao

Ce thé originaire du mont Wuzi possède des feuilles plates et lisses d'un beau vert jade avec un léger duvet argenté. Sa liqueur très pale exhale un parfum qui rappelle l'orchidée et délivre des arômes puissants et frais, avec une note finale délicatement sucrée. Les feuilles infusées sont souples et tapissent uniformément le fond de la tasse. Ce thé est naturellement riche en zinc et en sélénium.

Les feuilles sèches

La liqueur

L'infusion

3. Zi Yang Mao Jian

Originaire du mont Qinling dans le district de Ziyang, ce thé vert jade aux feuilles torsadées, compactes et recouvertes de duvet argenté donne une liqueur verte bien brillante. Son parfum est long et léger et ses arômes se déclinent en notes végétales et rondes, légèrement sucrées en fin de bouche. Comme les autres thés verts produits dans la région, le Zi Yang Mao Jian comporte – en plus des propriétés nutritives habituelles – une forte teneur en sélénium.

Les feuilles sèches

La liqueur

L'infusion

4. Zi Yang Cui Feng

Cultivé au cœur du Mont Qinling (district de Ziyang), ce thé se compose de feuilles vert jade, plates et bien droites avec des bourgeons charnus recouverts de duvet argenté. Sa liqueur verte est lumineuse et limpide, son parfum persistant, ses arômes sont ronds et frais en bouche et, une fois infusées, ses feuilles tendres sont uniformément réparties dans le fond de la tasse.

Les feuilles sèches

La liqueur

L'infusion

5. Fu Xi

Ce thé de qualité moyenne est originaire du district de Ziyang. Bien qu'il soit d'une qualité moyenne, il possède une teneur naturelle en sélénium exceptionnellement élevée (p. 79).

Les feuilles sèches

La liqueur

L'infusion

Le Fu Xi et les thés riches en selenium

Focus 4

Plusieurs thés comme le Wu Zi Xian Hao, le Zi Yang Mao Jian ou encore le Zi Yang Yin Zen sont naturellement riches en sélénium, mais le Fu Xi est celui dont la teneur est la plus élevée.

À sa découverte en 1817, le sélénium a d'abord été considéré comme dangereux pour la santé mais, en 1973, l'OMS a reconnu ses bienfaits sur le corps humain et l'a classé parmi les oligoéléments essentiels.

On distingue deux formes de sélénium : le sélénium inorganique présent dans les sols et les minéraux, et le sélénium organique que l'on trouve chez les animaux et les végétaux. Celui que renferment les feuilles de thé présente l'avantage d'être soluble et on en retrouve donc environ 15 à 30 % dans la liqueur que nous buvons.

Parmi ses bienfaits, on peut noter qu'il renforce le système immunitaire, lutte contre l'assimilation de l'ammonium, réduit le risque de tumeur et soulage les personnes ayant été exposées aux radiations. C'est également un puissant antioxydant qui aide l'organisme à combattre les radicaux libres et retarde ainsi la dégénérescence cellulaire. Enfin, le sélénium a une action détoxifiante qui aide à prévenir les cancers et le vieillissement cutané.

Aujourd'hui, les principales régions productrices de Fu Xi sont la ville de Enshi dans la province du Hubei, le district de Ziyang dans le Shaanxi, celui de Fenggang dans le Guizhou, ainsi que celui de Shitai dans l'Anhui.

Fu Xi du Guizhou

Zi Yang Mao Jian du Shaanxi

Zi Yang Yin Zen du Shaanxi

XI. Les thés verts du Guangxi

La région autonome du Guangxi fait partie du bassin de production de thé du sud de la Chine. Certains de ses jardins de thé sont si anciens que, déjà sous la dynastie Tang, Lu Yu les évoquait dans son *Classique du thé*. Aujourd'hui, ils sont principalement regroupés aux alentours de Guiping, Lingping, Guilin, Zhaoping, Lingshan et Wuzhou. Parmi les grands thés issus de ce terroir, on peut distinguer le Gui Ping Xi Shan Cha, le Nan Shan Bai Mao Cha, le Gui Lin Mao Jian ou le Ling Yun Bai Hao.

1. Ling Luo Chun

Originaire du district de Lingyun dans la région autonome du Guangxi, ce thé offre un joli contraste entre le vert jade et l'argenté qui teintent ses feuilles froissées. Sa liqueur vert-jaune est limpide et brillante. Elle offre des notes de fruits secs, notamment de châtaigne, et des arômes puissants et corsés. L'infusion est entièrement verte.

Les feuilles sèches

La liqueur

L'infusion

2. Ling Yun Bai Hao

D'apparence un peu rustique, ce thé du district de Lingyun présente des feuilles recouvertes d'un beau duvet gris argent au nez montant et persistant. La liqueur est vert jade très clair alors que l'infusion se rapproche plus du kaki.

Les feuilles sèches

La liqueur

L'infusion

XII. Les thés verts du Yunnan

Située dans le sud-ouest de la Chine, la province du Yunnan est l'un des berceaux de la culture du thé. Le Pu-erh, l'un des thés les plus prisés du moment, est majoritairement cultivé dans cette région qui compte par ailleurs bien d'autres variétés emblématiques comme le Nan Nuo Bai Hao, le Ding Qing ou encore le Yi Liang Bao Hong Cha. Les jardins de thé du Yunnan sont principalement concentrés dans les préfectures de Pu'er, Xishuangbanna, Lincang et Baoshan.

1. Dian Qing

Le Dian Qing fait partie des rares thés que l'on fait sécher au soleil. Si le plus gros de sa production est mis à vieillir pour fabriquer le Pu-erh, un petit pourcentage est réservé à une consommation sous forme de thé vert. Ses feuilles sèches d'un vert très foncé présentent un aspect relativement brut : elles sont irrégulières, naturellement froissées avec d'épais bourgeons et dégagent une odeur de soleil typique des thés torréfiés naturellement. La liqueur du Dian Qing est vert-jaune avec des reflets dorés : ses arômes sont à la fois moelleux, frais et corsés avec quelques notes gourmandes en fin de bouche. Une fois infusées, les feuilles sont encore intactes mais plus claires (kaki) que lorsqu'elles sont sèches.

Les feuilles sèches

La liqueur

L'infusion

2. Yu Luo

Issu des théiers à grandes feuilles du Xishuangbanna, ce thé se présente sous forme de feuilles gris-vert torsadées. Les bourgeons charnus sont recouverts de duvet argenté et dégagent un parfum puissant. La liqueur d'un jaune très pâle est à la fois douce, rafraîchissante, et légèrement sucrée en fin de bouche. Ce thé peut supporter plusieurs infusions sans voir ses qualités gustatives s'altérer.

Les feuilles sèches

La liqueur

L'infusion

Focus 5 Le thé vert au Japon

La grande majorité des thés verts japonais comme le Sencha ou le Gyokuro sont fabriqués selon un procédé de torréfaction à la vapeur. De ce fait, ils conservent leur belle couleur verte quel que soit leur état (feuilles sèches, liqueur, infusion).

Sencha

Ce thé torréfié à la vapeur est exclusivement produit au Japon. Ses feuilles sèches sont d'un beau vert sombre et se présentent en longues aiguilles bien aplaties. Sa liqueur vert jade livre des notes fraîches et végétales et ses feuilles infusées sont extrêmement tendres et souvent brisées.

Les feuilles sèches

La liqueur

L'infusion

Fukamushi Sencha

Ses feuilles sèches sont elles aussi roulées en aiguilles mais d'un vert plus vif que celles du Sencha. Elles donnent une liqueur trouble très rafraîchissante et son infusion compte de nombreuses feuilles brisées.

Bon à savoir

Le Fukamushi Sencha est un Sencha dont l'étuvage a été prolongé : il se compose ainsi de feuilles mais aussi de poudre de thé, ce qui explique pourquoi sa liqueur est plus trouble que celle du Sencha classique.

Les feuilles sèches

La liqueur

L'infusion

Matcha

Le Matcha se fabrique en étuvant les feuilles de thé à la vapeur, puis en les passant dans une meule jusqu'à l'obtention d'une poudre extrêmement fine. La taille de ses particules est généralement supérieure à 300 µm.

La poudre

La liqueur

Meule utilisée dans la fabrication du Matcha

D'autres thés verts japonais

↑ Gyokuro

↑ Genmaicha

↑ Sencha

↑ Kukicha

Chapitre 3

Le thé vert sous toutes ses formes

Le thé au jasmin a beau jouir d'une grande notoriété, tout le monde ne sait pas qu'il est fabriqué à base de thé vert. Mais alors comment transforme-t-on le thé vert en thé au jasmin ? C'est ce que ce chapitre va s'attacher à vous révéler en passant en revue les différents dérivés de thé vert et leurs procédés de fabrication.

I. Les thé parfumés

Les thés parfumés (ou thés aux fleurs) sont manufacturés à base de feuilles de thé vert torréfiées au charbon ou au wok et de fleurs en boutons fraîchement cueillies. Les fleurs que l'on associe le plus communément avec le thé sont le jasmin, la rose, la fleur d'oranger, le chloranthus et le magnolia.

Le magnolia est d'ailleurs souvent utilisé pour faire ressortir le parfum du jasmin, ce qui explique pourquoi on en trouve fréquemment des pétales dans nos thés au jasmin. Le dosage doit cependant rester subtil pour ne couvrir ni le parfum du jasmin ni celui des feuilles de thé.

Pour obtenir un bon thé parfumé, il est évidemment essentiel de commencer par choisir des feuilles de thé et des fleurs d'excellente qualité, mais la méthode utilisée pour mêler les parfums a également son importance. Cette technique relativement complexe se déroule en plusieurs étapes : tout d'abord, on sélectionne les fleurs fraîchement écloses, on les mélange aux feuilles de thé puis on laisse reposer le tout plusieurs heures de manière à ce que les feuilles s'imprègnent du parfum des fleurs. Les fleurs sont ensuite retirées une à une, et les feuilles mises à sécher. Pour les thés parfumés d'excellente qualité, cette opération peut être renouvelée plusieurs fois avec, à chaque fois, un lot de fleurs fraîches alors que, pour les thés de qualité médiocre, on se contentera de réutiliser les mêmes fleurs.

De nombreuses provinces chinoises comme le Guangxi, le Yunnan, le Sichuan, le Hunan ou le Chongqing se sont lancées dans la production de thé au jasmin, mais les plus fins et les plus réputés restent ceux du Fujian.

Les thés aux fleurs exhalent des parfums à la fois frais et opulents. Leurs arômes intenses et ronds persistent longtemps en bouche et laissent une impression de fraîcheur bien après la dernière gorgée. Leur liqueur est limpide et brillante.

La majorité des thés parfumés est commercialisée dans le Sichuan, le nord et le nord-est de la Chine mais une petite partie de la production est également destinée à l'exportation (Japon, Asie du Sud-Est et Europe).

1. Jasmine Yin Zhen

Originaire de l'est du Fujian, le Jasmin Yin Zen se compose de feuilles en forme d'aiguilles recouvertes d'un fin duvet blanc. Sa liqueur jaune pâle et crystalline est très rafraîchissante et présente des arômes intenses de jasmin avec une belle longueur en bouche. Infusées, les feuilles restent tendres et se parent de vert et de jaune.

Les feuilles sèches

La liqueur

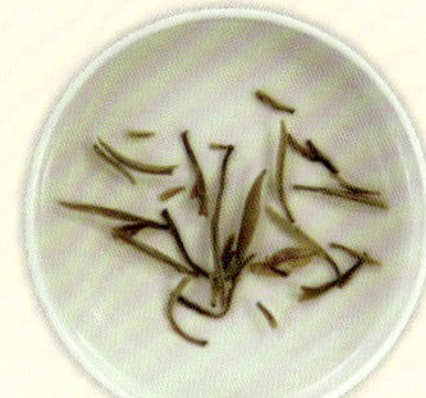

L'infusion

2. Jasmin Long Zhu (Perles de Jasmin)

Les perles de jasmin – que l'on rencontre parfois sous les appellations Perles de jade ou Dragon Pearls – viennent également de l'est du Fujian. Comme leur nom l'indique, les longs bourgeons argentés sont façonnés en forme de perles. Leur liqueur bien brillante de couleur paille révèle un équilibre parfait entre les parfums du jasmin et du thé vert, et des arômes complexes, intenses, purs et persistants. Son goût est généralement plus corsé que celui du Jasmin Yin Zen. Les bourgeons se déployant lors de l'infusion offrent un vrai spectacle : ils sont légèrement tendres et tirent sur le jaune-vert.

Les feuilles sèches

La liqueur

L'infusion

3. Bi Tan Piao Xue

Produit dans la région du mont Mengding, le Bi Tan Piao Xue est un thé d'altitude qui se compose de feuilles de thé fines, compactes et incurvées, et de quelques fleurs de jasmin séchées. Sa liqueur est d'un beau jaune d'or tirant sur le vert et ses arômes puissants témoignent d'une belle longueur en bouche. Rafraîchissant et doux, il supporte de nombreuses infusions. Une fois infusées, ses feuilles tendres se répartissent uniformément dans le fond de la tasse.

Les feuilles sèches

La liqueur

L'infusion

4. Jasmine Nu Er Huan

Ce thé bio cultivé à l'est du Fujian se compose de bourgeons recouverts d'un fin duvet blanc façonnés en forme d'anneaux. Sa liqueur brillante est verte avec de beaux reflets dorés et libère des parfums purs et de puissantes notes florales. Ses arômes riches et intenses restent néanmoins rafraîchissants en bouche. Ses feuilles infusées sont souples et tendres : les bourgeons ne sont que partiellement déployés et reposent au fond de la tasse telles de petites virgules.

Les feuilles sèches

La liqueur

L'infusion

5. Jasmine Jin Sui

Les feuilles de ce thé de l'est du Fujian sont façonnées en épi de blé et sont recouvertes d'un fin duvet blanc. La liqueur vert-jaune qu'elles produisent en infusant est brillante et intensément parfumée. Ses arômes ronds, doux et frais persistent longtemps en bouche et l'infusion présente des feuilles entières, parfaitement calibrées et tirant sur le jaune.

Les feuilles sèches

La liqueur

L'infusion

6. Yu Ya Bio

Ce thé bio est originaire du district de Heng, dans la région autonome Zhuang du Guangxi. Sa cueillette se contente des bourgeons blancs, duveteux et parfaitement calibrés et, sa liqueur jaune paille tirant sur le vert offre des notes florales très montantes. Ses arômes sont très frais à l'attaque, puis doux en fin de bouche. Son infusion est kaki clair avec des feuilles souples et tendres.

Les feuilles sèches

La liqueur

L'infusion

7. Thé parfumé bio

Ce thé bio provenant du district de Xi dans la province de l'Anhui se compose de fleurs et de feuilles de thé incurvées de couleur brun-vert. Sa liqueur verte tirant sur le jaune, exhale des parfums purs et authentiques et des arômes marqués. Les feuilles infusées sont de couleur kaki et plus ternes que les feuilles sèches.

Les feuilles sèches

La liqueur

L'infusion

Focus 6 Le thé au jasmin

« La fleur de jasmin n'est peut-être pas la plus délicieuse pour les yeux, mais la subtilité de son parfum en fait la plus envoûtante des fleurs d'automne. »

Le jasmin est une plante grimpante originaire d'Inde appartenant à la famille des oléacées. Importé en Chine il y a 1 700 ans, il a d'abord été introduit dans le Yunnan, puis s'est répandu dans le Guangdong, le Fujian, le Guangxi, le Jiangsu, le Zhejiang, l'Anhui, le Hunan, le Hubei et le Sichuan. De nos jours, les fleurs sont principalement utilisées pour parfumer le thé, mais on dénombre encore quelques plantations en Chine septentrionale qui les cultivent comme plantes ornementales. Peu enclin à supporter les rudes hivers chinois, le jasmin est généralement cultivé sous serre.

Sa floraison s'étend d'avril à septembre et s'organise en trois périodes de récolte : la récolte de printemps, la récolte d'été et la récolte d'hiver. La récolte dite de printemps se pratique jusqu'à la mi-juillet et donne de petites fleurs peu odorantes que l'on surnomme « fleurs de pruniers ». De par leur manque d'envergure et de parfum, ces fleurs sont peu propices à la fabrication du thé au jasmin. En revanche, celles que l'on cueille entre la mi-juillet et la troisième semaine d'août sont à l'apogée de leur floraison et donc idéales pour

parfumer le thé. Enfin, les fleurs récoltées en automne (à partir de la troisième semaine d'août) sont quant à elles de qualité intermédiaire.

Aujourd'hui, les principales plantations chinoises de jasmin se situent dans les districts de Yunjiang et de Changning (Yunnan), dans le district de Heng (Guangxi) et dans le district de Zenghe (Fujian).

Grand classique de la pharmacopée chinoise, les fleurs de jasmin séchées sont également utilisées pour leurs vertus thérapeutiques : on les consomme traditionnellement après les repas pour favoriser la digestion, équilibrer le qi, apaiser les nerfs, soulager les états anxieux et soigner d'autres petits maux du quotidien (migraines, fatigue, etc.). Elles entrent également souvent dans la composition des pots-pourris et des produits cosmétiques comme le savon, le shampoing ou la crème hydratante.

Infusion au jasmin

Ingrédients : 2 à 3 g de fleurs de jasmin séchées
Sucre ou miel.

Méthode : Laissez les fleurs infuser 2 à 3 minutes dans l'eau chaude, ajoutez une touche de sucre ou de miel : c'est prêt !

Fleurs de jasmin

II. Les thés compressés

Obtenus en comprimant les feuilles de thé entre les plaques d'une presse chaude, les thés verts compressés peuvent adopter différentes formes : galettes, nids d'oiseau, briques, etc. Les feuilles ayant été préalablement séchées au soleil puis triées passent d'abord par une opération d'étuvage de manière à les amollir. Une fois souples, elles sont compressées selon la forme souhaitée, puis mises à sécher sur des étagères en bambou : ce procédé est notamment utilisé dans la fabrication des thés Tuo Cha et des galettes de Pu-erh « cru ». Facile à transporter et à conserver, ces thés sont souvent compressés dans des moules à motifs, ce qui les rend esthétiques en plus d'être pratiques et délicieux.

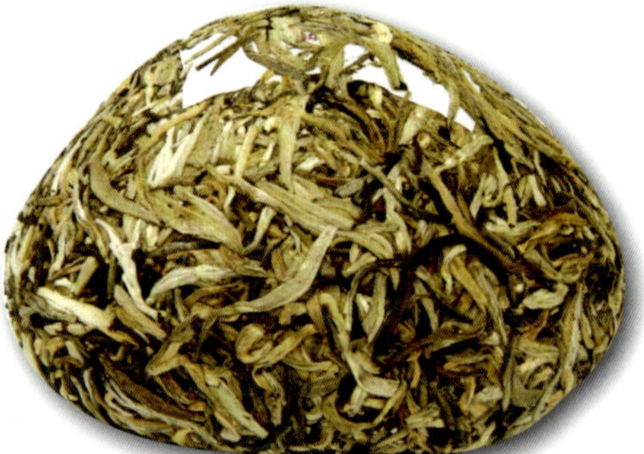

Thé vert compressé en nid d'oiseau (Tuo Cha)

Tablette de thé ornementale

Thé vert compressé en galette (Qi Zi Bing Cha)

III. L'extrait de thé vert

L'extrait de thé vert est obtenu en isolant les composés solubles du thé, puis en les condensant et en les faisant sécher de manière à les amalgamer en poudre ou en granulés. Ces formules présentent l'avantage de ne produire aucun résidu, d'être solubles dans l'eau froide et de pouvoir se mélanger aisément avec des jus de fruits ou des préparations culinaires.

1. Les compléments alimentaires à base de catéchines

Compléments alimentaires à base de catéchine

Ces compléments alimentaires nouvelle génération sont commercialisés sous forme de comprimés, de gélules ou de poudre. Les catéchines sont des molécules de la famille des polyphénols naturellement présentes dans le thé vert et qui regorgent de vertus bénéfiques pour l'organisme. Puissants antioxydants et anti-inflammatoires, elles aident à lutter contre les radicaux libres et jouent un rôle protecteur dans la prévention du diabète et des maladies cardiovasculaires. Elles sont également très efficaces pour renforcer le système immunitaire et retarder le vieillissement cellulaire.

2. Le thé instantané

La poudre de thé instantané

La liqueur

IV. Le thé en sachet

Ce type de thé se présente dans des sachets à simple ou double chambre composés de papier-filtre ou de mousseline. Pratiques à transporter et faciles à faire infuser (puisqu'il suffit de les recouvrir d'eau chaude), les sachets sont très appréciés des employés de bureau et autres membres de la population active.

Bon à savoir

Pour soulager la fatigue oculaire, placez vos sachets de thé infusés au réfrigérateur puis appliquez-les sur vos paupières. N'utilisez jamais de sachets encore chauds : vous risqueriez de vous brûler.

V. Les boissons et produits alimentaires à base de thé vert

On trouve des extraits de thé vert dans de nombreux produits de consommation courante comme les thés glacés et boissons gazeuses en canette, les biscuits, les crèmes glacées, les yaourts ou encore les chewing-gums.

Bon à savoir

Le thé vert entre également fréquemment dans la composition des produits cosmétiques comme le dentifrice, les lotions pour le visage, les shampoings, etc.

Focus 7 Le Ku Ding Cha

Connu également sous le nom de Fu Ding ou de Gao Lu, le Ku Ding Cha est une boisson traditionnelle chinoise préparée avec les feuilles d'une espèce locale de houx à feuilles larges. Avant d'être commercialisées, ces feuilles sont manufacturées selon les mêmes procédés que ceux utilisés pour manufacturer le thé vert. Les arbustes dont elles sont issues poussent dans de nombreuses provinces chinoises comme le Guangdong, le Fujian, le Guangxi, le Zhejiang, le Hunan, le Jiangxi ou encore de Hainan. L'histoire de cette boisson aux vertus curatives que les Chinois appellent « demi-thé » remonte à plus de 2 000 ans. Très estimée sous la dynastie Han, elle était même considérée à l'époque comme le « thé des cérémonies ». Le parfum de ses feuilles est frais mais sa liqueur limpide et jaune pâle offre une attaque amère qui s'adoucit cependant en fin de bouche. Ses arômes sont amples et puissants et ses feuilles peuvent supporter plusieurs infusions. D'après les Chinois, cette infusion agirait comme un puissant anti-inflammatoire, protègerait contre les

Ku Ding Cha à feuilles courtes

Les feuilles sèches

La liqueur

L'infusion

maladies cardiovasculaires, diminuerait la pression artérielle et favoriserait l'élimination des toxines et la perte de poids.

Cette étonnante infusion se divise en deux sous-catégories : le Ku Ding Cha à feuilles longues et le Ku Ding Cha à feuilles courtes. Le premier est issu d'une plante sauvage chinoise (proche du houx européen) qui appartient à la famille des *Aquifoliacea*, et présente des feuilles en forme de longs bâtonnets torsadés. Les feuilles du second sont quant à elles beaucoup plus petites et proviennent d'un arbuste de la famille des *Clusiaceae*. Elles sont fines, d'un vert profond et donnent une liqueur vert jade. Leur infusion est souvent comparée à « des collines verdoyantes aux eaux émeraude » ou à « de magnifiques collines aux eaux cristallines ».

Le Ku Ding Cha se prépare de la même manière que le thé vert. Pour le dosage, on compte une demi-feuille pour 150 ml d'eau dans le cas du Ku Ding Cha à feuilles longues, ou 1 à 2 g de feuilles pour celui à feuilles courtes. La durée idéale d'infusion s'étend de 1 à 2 minutes.

Ku Ding Cha à feuilles longues

Les feuilles sèches

La liqueur

L'infusion

Chapitre 4

L'art de préparer le thé vert

Pour préparer le thé vert dans les règles de l'art, quelques connaissances de base s'imposent. La température de l'eau utilisée pour l'infusion, par exemple, variera en fonction du thé que l'on choisit. De même, saviez-vous que le thé vert peut se préparer selon trois méthodes différentes ? Vous trouverez dans ce chapitre les rudiments de la préparation du thé, ainsi que des instructions détaillées pour sublimer quelques thés verts célèbres.

I. Les six points clés

Si, à première vue, la préparation du thé vert paraît simple, il n'est en fait pas si facile d'en gérer simultanément tous les points clés, à savoir la température de l'eau, la quantité de feuilles, la durée d'infusion, le choix du service et le nombre d'infusions. D'ordinaire, on considère que pour réussir une bonne tasse de thé, il faut des feuilles d'excellente qualité, de l'eau chauffée avec précision, un service adéquat et des gestes fluides et gracieux. Derrière ces considérations d'ordre technique, il ne faut cependant pas perdre de vue que les meilleurs thés resteront toujours ceux préparés avec le cœur...

1. La température de l'eau

Pour bien réussir son infusion, la température de l'eau doit être systématiquement ajustée en fonction de la variété de thé choisie, de la forme de ses feuilles, de sa méthode, saison et région de production.

Les thés en poudre, par exemple, nécessitent une eau autour de 65° C, alors que le Bi Luo Chun sera plus savoureux avec une eau à 75° C. Les grands crus, eux, préfèrent généralement une eau à 80° C, mais certains ne pourront exprimer tous leurs arômes qu'avec une eau à 85-90° C ! De manière générale, on évite de faire infuser les thés verts de qualité avec une eau supérieure à 80° C mais les thés plus communs peuvent quant à eux supporter une eau plus chaude (85-90° C). Il existe cependant des exceptions : composé uniquement de petites feuilles isolées (pas de bourgeon ni de tige), le Liu An Gua Pian a besoin, par exemple, d'être infusé à 85° C pour offrir toute les subtilités de son bouquet aromatique. Si vous préparez un grand cru avec une eau trop chaude, vous risquez d'en « cuire » les parfums et donc d'en dénaturer le goût. Dans ces conditions, vous obtiendrez une liqueur jaunâtre qui manquera de brillance et de limpidité. Si, à l'inverse, la température de votre eau est trop basse, vos feuilles de thé ne pourront pas libérer tous leurs arômes et votre thé manquera de relief. En outre, les feuilles de thé auront du mal à s'hydrater correctement et flotteront plus longtemps à la surface : une passoire sera alors nécessaire pour filtrer les résidus.

2. Le dosage des feuilles de thé

Pour trouver le dosage parfait, gardez à l'esprit que la quantité de feuilles est directement responsable de la puissance de la liqueur : ainsi, si vous utilisez une quantité de feuilles trop importante, vous obtiendrez une liqueur déséquilibrée et astringente, dotée d'une forte amertume. À l'inverse, si vous avez la main trop légère, votre liqueur restera fade et vous ne profiterez pas pleinement des arômes que votre thé a à offrir. Notez également que la quantité de feuilles doit toujours s'adapter à la contenance de la théière utilisée.

Les règles de base :

1. Pour une infusion directement en tasse : rapport feuilles/eau de l'ordre de 1/50.
2. Pour une infusion en théière : 2 à 3 g de feuilles par personne.
3. La quantité de feuilles est modulable en fonction des goûts de chacun.

3. La durée d'infusion

Au contact de l'eau chaude, les feuilles de thé vont se déployer dans leur récipient. Si vous préparez votre thé directement en tasse ou en théière, comptez 1 minute d'infusion. Si vous choisissez une préparation au *zhong* (avec infusions successives), réalisez une première infusion de 30 secondes, puis ajoutez 5 à 10 secondes pour chaque infusion suivante. Vous pouvez également utiliser une théière équipée d'un filtre : vous pourrez ainsi sortir les feuilles au moment voulu et éviter de les faire infuser trop longtemps.

4. Le choix du service

De par la transparence de leur matériau, les services en verre présentent l'avantage de laisser apparaître le « ballet des feuilles de thé » au cours de l'infusion. Les services et éléments en porcelaine (*zhong*, tasses, theière...) se prêtent également très bien à la préparation du thé vert. Prenez garde cependant à ne pas refermer votre théière ou votre *zhong* aussitôt après y avoir versé le thé : vous risqueriez d'en « cuire » les parfums.

Verre à thé

Théière en verre

Tasse à goûter

Zhong en porcelaine

5. Les trois méthodes d'infusion

On distingue trois grandes méthodes pour faire infuser le thé vert.

• **Méthode n°1** : préchauffez la théière, remplissez-la ensuite aux 7/10, puis ajoutez les feuilles de thé.

• **Méthode n°2** : préchauffez la théière, versez les feuilles de thé à l'intérieur, hydratez-les en les rinçant avec une petite quantité d'eau chaude puis, remplissez la théière aux 7/10.

• **Méthode n°3** : préchauffez la théière, versez délicatement les feuilles de thé à l'intérieur, puis remplissez la théière aux 7/10.

La méthode n°1 (idéale pour le Bi Luo Chun et le Meng Ding Gan Lu) et la méthode n°2 (Xi Hu Long Jing, Huang Shan Mao Feng et An Ji Bai Cha) sont particulièrement adaptées à la préparation des grands crus ou des thés de qualité. Pour les thés plus communs, on optera plutôt pour la méthode n°3. Il existe cependant quelques exceptions qui dérogent à cette règle : le Tai Ping Hou Kui et le Liu An Gua Pian, par exemple, sont deux thés d'exception qui sont pourtant meilleurs préparés selon la méthode n°3.

6. Le nombre d'infusions

Les feuilles de thé vert – et en particulier celles des grands crus – supportent mal les infusions prolongées. De ce fait, il vaut mieux privilégier des infusions plus courtes et répétées. Pour les thés de qualité, vous pourrez ainsi réaliser 2 à 3 infusions avec les mêmes feuilles ; les thés plus communs, eux, en toléreront 3 à 4. Quand vous préparez votre thé en théière individuelle, n'attendez pas que celle-ci soit entièrement vide pour la remplir à nouveau : l'infusion suivante risquerait de manquer de force. Ajoutez de l'eau chaude quand votre théière n'est plus remplie qu'au tiers ou à la moitié. Si vous optez pour une infusion en théière occidentale (pour plusieurs personnes), attendez en revanche que la théière soit vide pour passer à la deuxième infusion. De même, ne remplissez pas les tasses de vos hôtes tant qu'il reste de la liqueur à l'intérieur.

II. Préparer le thé vert dans les règles de l'art

1. Le Tai Ping Hou Kui

Avant de commencer

Le matériel : une bouilloire électrique, des verres à thé, une coupelle, une serviette en tissu épais, une spatule à thé et un bol à eaux usées.

L'eau : versez la quantité d'eau nécessaire à la préparation du thé dans la bouilloire et portez-la à ébullition. Laissez ensuite la température redescendre à 85° C.

Remarques :
1. Les feuilles de Tai Ping Hou Kui sont extrêmement fragiles et exigent d'être manipulées avec le plus grand soin.
2. Si vous préférez faire infuser votre Tai Ping Hou Kui en théière, optez pour une théière en porcelaine à l'occidentale (diamètre de plus de 10 cm).
3. La méthode d'infusion à privilégier pour le Tai Ping Hou Kui est la méthode n°3.

La méthode

1 Préparer les éléments : disposez les différents éléments de manière à vous sentir à l'aise.

2 Préchauffer les verres : préchauffez les verres à thé en versant une petite quantité d'eau dans chacun d'eux.

3 Vider la première eau : videz l'eau dans le bol à eaux usées, puis essuyez les éclaboussures éventuelles.

4 Ajouter les feuilles de thé : à l'aide de la spatule, faites délicatement glisser les feuilles dans les verres à thé.

5 Verser l'eau : versez l'eau chaude dans les verres à thé jusqu'à ce qu'ils soient remplis aux 7/10.

6 Réaliser l'infusion : laissez les feuilles infuser pendant 1 minute.

2. Le Bi Luo Chun

Avant de commencer

Le matériel : une bouilloire électrique, des verres à thé, une coupelle, une serviette en tissu épais, une spatule à thé et un bol à eaux usées.

L'eau : versez la quantité d'eau nécessaire à la préparation du thé dans la bouilloire et portez-la à ébullition. Laissez ensuite la température redescendre à 70-75° C.

Les feuilles de thé : versez les feuilles de Bi Luo Chun dans la coupelle.

Remarques :

1. Les feuilles de Bi Luo Chun étant particulièrement fines et délicates, il est recommandé de les faire infuser dans une eau n'excédant pas les 70-75° C.

2. En faisant infuser votre Bi Luo Chun, il se peut que la liqueur vous paraisse trouble : pas d'inquiétude ! Ce phénomène est dû à l'épais duvet qui recouvre ses feuilles.

3. Profitez des verres à thé pour prendre le temps de contempler le « ballet des feuilles » de Bi Luo Chun.

4. La méthode d'infusion à privilégier pour ce thé est la méthode n°1.

La méthode

1 Préparer les éléments : disposez les différents éléments de manière à vous sentir à l'aise.

2 Préchauffer les verres : préchauffez les verres à thé en versant une petite quantité d'eau dans chacun d'eux.

3 Vider la première eau : videz l'eau dans le bol à eaux usées, puis essuyez les éclaboussures éventuelles.

4 Verser l'eau : versez l'eau chaude dans les verres à thé jusqu'à ce qu'ils soient remplis aux 7/10.

5 Ajouter les feuilles de thé : à l'aide de la spatule, faites délicatement glisser les feuilles de Bi Luo Chun dans les verres à thé.

6 Réaliser l'infusion : laissez les feuilles infuser pendant 1 minute.

3. Le Zhu Ye Qing

Avant de commencer

Le matériel : une bouilloire électrique, un *zhong* en verre borosilicate (qui supporte les températures élevées), un pot de réserve, une coupelle, une spatule à thé et un bol à eaux usées.

L'eau : versez la quantité d'eau nécessaire à la préparation du thé dans la bouilloire et portez-la à ébullition.

Remarques :

1. Le Zhu Ye Qing se compose de petites feuilles plates et isolées qu'il faut idéalement faire infuser dans une eau à 80° C.

2. Pour rafraîchir l'eau portée à ébullition, utilisez un grand pot de réserve.

3. Les feuilles de Zhu Ye Qing ont besoin d'environ 1 minute pour se gorger d'eau. Ainsi, ne vous alarmez pas si elles flottent quelque temps à la surface en début d'infusion.

4. Les variétés de thés qui se composent uniquement de bourgeons ou de feuilles isolées comme le Mei Tan Cui Ya, le Zi Yang Yin Zen ou le Kai Hua Long Ding se font généralement infuser selon la méthode n°2.

Bon à savoir

En transvasant l'eau bouillante dans le pot de réserve, vous pourrez en baisser la température jusqu'à 80° C.

La méthode

1 Préparer les éléments : disposez les différents éléments de manière à vous sentir à l'aise.

2 Préchauffer le *zhong* : versez une petite quantité d'eau chaude dans le *zhong*.

3 Vider la première eau : videz le contenu du *zhong* dans le bol à eaux usées en faisant couler l'eau chaude le long du couvercle pour qu'il se réchauffe également.

4 Abaisser la température de l'eau : transvasez l'eau dans le pot de réserve pour en faire descendre la température à 80° C.

5 Ajouter les feuilles de thé : à l'aide de la spatule, faites délicatement glisser les feuilles de Zhu Ye Qing dans le *zhong*.

6 Hydrater les feuilles de thé : versez une petite quantité d'eau chaude sur les feuilles pour leur permettre de s'hydrater.

7 Verser l'eau : versez l'eau dans le *zhong* en maintenant le bras bien au-dessus de celui-ci ; remplissez-le aux 7/10.

8 Réaliser l'infusion : laissez les feuilles infuser pendant 1 minute.

4. L'An Ji Bai Cha

Avant de commencer

Le matériel : une bouilloire électrique, une théière en verre, des tasses en verre, un pot de réserve, une coupelle, une serviette en tissu épais, une spatule à thé, une passoire et un bol à eaux usées.

L'eau : versez la quantité d'eau nécessaire à la préparation du thé dans la bouilloire et portez-la à ébullition. Laissez ensuite la température redescendre à 80° C.

Les feuilles de thé : versez la quantité adéquate de feuilles d'An Ji Bai Cha dans la coupelle.

Remarques :

1. Au contact de l'eau chaude, les feuilles d'An Ji Bai Cha vont se gorger d'eau et se déployer dans la théière. En infusant, elles vont s'éclaircir et prendre une teinte vert clair avec des reflets blancs.
2. Cette variation de couleur s'apprécie d'autant plus grâce à la transparence du service en verre.
3. Quand elles sont infusées en *zhong* ou en théière individuelle, les feuilles de thé vert peuvent supporter jusqu'à 3 ou 4 infusions successives.
4. L' An Ji Bai Cha se prépare généralement en *zhong* selon la méthode n°2, mais on peut également utiliser la méthode n°3 pour le préparer en théière.

La méthode

1 Préparer les éléments : disposez les éléments du service à thé de manière à vous sentir à l'aise.

2 Préchauffer la théière : versez une petite quantité d'eau chaude dans la théière.

3 Préchauffer le pot de réserve : transvasez le contenu de la théière dans le pot de réserve.

4 Préchauffer les tasses : répartissez le contenu du pot de réserve dans les tasses.

5 Ajouter les feuilles de thé : à l'aide de la spatule, faites délicatement glisser les feuilles d'An Ji Bai Cha dans la théière.

6 Réaliser l'infusion : versez de l'eau chaude dans la théière en maintenant le bras bien au-dessus de celle-ci, puis laissez les feuilles infuser pendant 1 minute.

7 Vider la première eau : videz les tasses dans le bol à eaux usées, puis essuyez les éclaboussures éventuelles.

8 Filtrer le thé : versez le contenu de la théière dans le pot de réserve en ayant pris soin de placer une passoire (ou un passe-thé) sur l'ouverture de celui-ci.

9 Servir la liqueur : répartissez la liqueur équitablement dans les tasses en prenant garde à ne les remplir qu'aux 7/10.

10 Déguster : votre thé est prêt à être savouré !

5. Le thé vert aux fleurs d’osmanthus

Avant de commencer

Le matériel : une bouilloire électrique, une théière en verre à filtre incorporé, deux coupelles, une serviette en tissu épais et une spatule à thé.

L’eau : versez la quantité d’eau nécessaire à la préparation du thé dans la bouilloire et portez-la à ébullition. Laissez ensuite la température redescendre à 85° C.

Les feuilles de thé : versez la quantité adéquate de feuilles de Yun Wu (ou du thé vert de votre choix) dans une coupelle. Dans la seconde, versez des fleurs d’osmanthus séchées.

Remarques :

1. Vous pouvez réaliser vous-même vos thés parfumés en ajoutant des fleurs séchées à vos feuilles de thé vert.
2. Si vous laissez leurs feuilles infuser trop longtemps, les thés verts de qualité moyenne peuvent donner des liqueurs corsées, voire amères et astringentes. Pour éviter ce désagrément, la théière à filtre incorporé est idéale.
3. Les théières à filtre incorporé sont faciles d’utilisation et pratiques à transporter.
4. Les thés verts destinés à une consommation quotidienne se font généralement infuser selon la méthode n°3.

La méthode

1 Préparer les éléments : disposez les différents éléments de manière à vous sentir à l’aise.

2 Créer le thé parfumé : versez les fleurs d’osmanthus dans la coupelle contenant les feuilles de thé et remuez le tout jusqu’à obtenir un mélange homogène.

3 Préchauffer la théière : versez une petite quantité d'eau chaude dans la théière puis videz-la dans le bol à eaux usées.

4 Ajouter les feuilles de thé : à l'aide de la spatule, faites délicatement glisser le thé aux fleurs dans le filtre de la théière.

5 Réaliser l'infusion : versez de l'eau chaude sur le thé aux fleurs en maintenant le bras bien au-dessus de la théière ; remplissez-celle-ci aux 7/10, refermez-la à l'aide de son couvercle, puis laissez infuser 1 minute.

6 Déguster : retirez le couvercle et posez-le à l'envers sur la table. Sortez ensuite le filtre de la théière et déposez-le sur le couvercle. La liqueur est prête à être dégustée !

6. Le Long Jing

Avant de commencer

Le matériel : une bouilloire électrique, un *zhong*, une coupelle, une serviette en tissu épais, une spatule à thé et un bol à eaux usées.

L'eau : versez la quantité d'eau nécessaire à la préparation du thé dans la bouilloire et portez-la à ébullition. Laissez ensuite la température redescendre à 80° C.

Les feuilles de thé : versez la quantité nécessaire de feuilles de Long Jing dans une coupelle.

Remarques :

1. Quand vous faites infuser un grand cru en *zhong*, inclinez légèrement celui-ci et laissez son couvercle entrouvert pour éviter de « cuire » les parfums du thé.
2. Si vous voulez donner une note aromatique supplémentaire à votre Long Jing, vous pouvez lui ajouter quelques fleurs de chrysanthème séchées.
3. Le Long Jing se fait généralement infuser selon la méthode n°2.

Bon à savoir

Le Long Jing aux fleurs de chrysanthème

Dans un *zhong*, mélangez des feuilles de Long Jing et quelques fleurs de chrysanthème séchées.

Versez de l'eau à 80° C dans le *zhong* et laissez infuser jusqu'à ce que les feuilles se déploient au contact de l'eau.

La méthode

1 Préparer les éléments : disposez les différents éléments de manière à vous sentir à l'aise.

2 Préchauffer le *zhong* : versez une petite quantité d'eau chaude dans le *zhong*.

3 Vider la première eau : videz le contenu du *zhong* dans le bol à eaux usées en faisant couler l'eau chaude le long du couvercle pour qu'il se réchauffe également.

4 Ajouter les feuilles de thé : à l'aide de la spatule, faites délicatement glisser les feuilles de Long Jing dans le *zhong*.

5 Hydrater les feuilles de thé : versez une petite quantité d'eau chaude sur les feuilles pour leur permettre de s'hydrater.

6 Verser l'eau : versez l'eau dans le *zhong* jusqu'à ce qu'il soit rempli aux 7/10.

7 Réaliser l'infusion : laissez les feuilles infuser pendant environ 1 minute en laissant le couvercle du *zhong* entrouvert.

8 Déguster : dès que les feuilles sont gorgées d'eau, il est temps de savourer votre thé !

7. Le Wu Yuan Ming Mei

Avant de commencer

Le matériel : une bouilloire électrique, une tasse tubulaire en céladon, une coupelle, une serviette en tissu épais, une spatule à thé et un bol à eaux usées.

L'eau : versez la quantité d'eau nécessaire à la préparation du thé dans la bouilloire et portez-la à ébullition. Laissez ensuite la température redescendre à 80° C.

Les feuilles de thé : versez la quantité nécessaire de feuilles de Wu Yuan Ming Mei dans une coupelle.

Remarques :
1. D'un point de vue chromatique, les tasses en céladon s'harmonisent particulièrement bien avec la liqueur du thé vert.
2. On fait généralement infuser le Wu Yuan Ming Mei selon la méthode n°2.

La méthode

1 Préparer les éléments : disposez les différents éléments de manière à vous sentir à l'aise.

2 Préchauffer la tasse : versez une petite quantité d'eau chaude dans la tasse en céladon.

3 Vider la première eau : versez le contenu de la tasse dans le bol à eaux usées.

4 Ajouter les feuilles de thé : à l'aide de la spatule, faites délicatement glisser les feuilles de Wu Yuan Ming Mei dans la tasse.

5 Verser l'eau : verser de l'eau chaude dans la tasse jusqu'à ce qu'elle soit remplie aux 7/10.

6 Déguster : laissez les feuilles infuser pendant 1 minute avant de savourer votre thé.

8. Le Zao Chun Yin Ya

Avant de commencer

Le matériel : une bouilloire électrique, un *zhong*, un pot de réserve, des tasses, une coupelle, un bol à eaux usées, une passoire, une spatule et une pince à thé.

L'eau : versez la quantité d'eau nécessaire à la préparation du thé dans la bouilloire et portez-la à ébullition. Laissez ensuite la température redescendre à 85° C.

Les feuilles de thé : versez la quantité nécessaire de feuilles de Zao Chun Yin Ya dans une coupelle.

Remarques :

1. Le Zao Chun Yin Ya est issu des théiers à grandes feuilles (Da Ye) qui poussent dans le Yunnan. Lors de sa fabrication, ses feuilles sont directement séchées au soleil.
2. Ces thés du Yunnan se caractérisent par leurs grandes feuilles robustes recouvertes de duvet argenté. Elles sont riches en composés et supportent plusieurs infusions. Pour ces thés, le mode de préparation le plus indiqué est l'infusion à couvert (en théière ou en *zhong*).
3. Avant la première infusion, il est impératif de bien hydrater les feuilles des thés séchés au soleil. Notez également que, pour ces thés, la deuxième et la troisième infusions sont plus savoureuses que la première.
4. Si la première infusion doit être courte, les suivantes requièrent un temps d'infusion plus long.
5. Les thés verts du Yunnan (à grandes feuilles et séchés au soleil) se font traditionnellement infuser selon la méthode n°3.
6. Si votre thé vert est de qualité moyenne, optez pour une eau légèrement plus chaude que pour les grands crus.

La méthode

1 Préparer les éléments : disposez les différents éléments de manière à vous sentir à l'aise.

2 Préchauffer le *zhong* : versez une petite quantité d'eau chaude dans le *zhong*.

3 Préchauffer le pot de réserve : transvasez le contenu du *zhong* dans le pot de réserve.

4 Préchauffer les tasses : répartissez le contenu du pot de réserve dans les tasses.

5 Vider la première eau : saisissez tour à tour chaque tasse avec la pince à thé et videz-les dans le bol à eaux usées (ou le bateau à thé).

6 Ajouter les feuilles de thé : à l'aide de la spatule, faites délicatement glisser les feuilles de Zao Chun Yin Ya dans le *zhong*.

7 Hydrater les feuilles de thé : versez une petite quantité d'eau chaude sur les feuilles pour leur permettre de s'hydrater.

8 Verser l'eau : remplissez le *zhong* d'eau chaude en maintenant votre bras bien au-dessus de celui-ci.

9 Réaliser la première infusion : couvrez le *zhong* et laissez les feuilles infuser environ 15 à 20 secondes.

10 Filtrer le thé : versez le contenu du *zhong* dans le pot de réserve en ayant pris soin de placer une passoire (ou un passe-thé) sur l'ouverture de celui-ci.

11 Servir la liqueur : répartissez la liqueur équitablement dans les tasses en prenant garde à ne les remplir qu'aux 7/10.

12 Déguster : laissez les arômes s'épanouir 1 minute ; c'est prêt !

9. La poudre de thé vert

Avant de commencer

Le matériel : une bouilloire électrique, un grand bol à thé, un bol à eaux usées, un fouet et une cuillère à thé.

L'eau : versez la quantité d'eau nécessaire à la préparation du thé dans la bouilloire et portez-la à ébullition. Laissez ensuite la température redescendre à 65° C.

La poudre de thé vert : prévoyez en amont la quantité nécessaire de poudre de thé vert.

Remarques :

1. La poudre de thé vert se prépare avec de l'eau à température modérée (65° C).
2. Une fois la quantité désirée de poudre extraite du paquet, refermez aussitôt celui-ci pour éviter que l'humidité ne s'y infiltre et altère votre thé.
3. Pour une théière, une cuillère de thé vert en poudre est amplement suffisante.
4. Laissez parler votre créativité et incorporez la poudre de thé vert à toutes vos préparations culinaires : yaourts, pâtisseries, etc.

Les yaourts au thé vert

Incorporez la quantité désirée de poudre de thé vert dans un yaourt.

Mélangez le tout et dressez la préparation dans un joli bol en céramique.

La méthode

1 Préparer les éléments : disposez les différents éléments de manière à vous sentir à l'aise.

2 Préchauffer le bol : versez une petite quantité d'eau dans le bol à thé.

3 Préchauffer le fouet : plongez le fouet dans le bol à thé, puis videz l'eau dans le bol à eaux usées.

4 Ajouter la poudre de thé : à l'aide d'une cuillère, versez la quantité désirée de poudre dans le fond du bol à thé.

5 Verser l'eau : versez un fond d'eau chaude sur la poudre de thé.

6. Délayer la poudre : à l'aide du fouet, battez le thé jusqu'à obtenir un liquide épais de consistance et de couleur homogènes.

7 Réaliser l'infusion : ajoutez l'eau chaude tout en continuant à battre.

8 Déguster : une fois la liqueur bien lisse et homogène, le thé est prêt à être dégusté !

Focus 8 Polyphénols et radicaux libres

Présents en nombre dans le thé, les polyphénols sont de puissants antioxydants qui captent et neutralisent les radicaux libres dans l'organisme. Une consommation régulière de thé peut ainsi aider votre corps à rester en bonne santé et à lutter contre le vieillissement cellulaire.

Les radicaux libres

Les radicaux libres sont des molécules chimiques instables que l'organisme produit naturellement en petite quantité. Certains facteurs comme le vieillissement, le stress, la cigarette, la pollution, les radiations électromagnétiques des écrans de télévision ou d'ordinateur ou encore les changements d'environnement peuvent cependant pousser l'organisme à générer plus de radicaux libres qu'il n'est capable d'en traiter. En résulte la détérioration, voire la destruction, de certaines molécules – notamment celles contenues dans les protéines ou les acides gras essentiels –, qui accélère le vieillissement des cellules et rend l'organisme plus vulnérable face à la maladie.

Les polyphénols dans le thé vert

Les polyphénols sont une famille de composés phénoliques que l'on trouve en quantité dans le thé : ils représentent généralement 15 % de la feuille fraîche, mais ce pourcentage peut grimper jusqu'à 40 % pour les feuilles les plus riches en tanins ! C'est d'ailleurs pour conserver intacts ces précieux composés – qui sont, en outre, ceux qui se solubilisent le mieux au contact de l'eau –, que les producteurs de thé vert commencent leur processus de fabrication par une étape de torréfaction (p. 21). Les enzymes responsables de l'oxydation sont ainsi tuées le plus tôt possible dans les feuilles fraîches, ce qui fait du thé vert la variété de thé la plus riche en polyphénols.

Chapitre 5

L'analyse sensorielle du thé

Comme le dévoilera ce chapitre, les dégustations professionnelles font l'objet de procédures relativement complexes. Pour l'amateur de thé moyen, appliquer ces protocoles à la lettre dans la vie de tous les jours serait bien sûr absurde, mais il peut néanmoins être utile et intéressant de savoir quels critères les professionnels prennent en compte pour évaluer le thé vert.

叶审评专用
中国茶叶学会制

L'analyse sensorielle consiste, comme son nom l'indique, à juger les qualités organoleptiques d'un thé par le vecteur des sens et notamment de la vue, du goût, de l'odorat et du toucher.

Déjà dans *Le Classique du thé*, Lu Yu recensait les instruments destinés à l'évaluation du thé et en décrivait la forme, la couleur, la taille et l'utilité. Il y détaillait aussi les méthodes de préparation du thé (que l'on faisait à l'époque rôtir puis bouillir), la température de l'eau à utiliser, les techniques de dégustation, et y répertoriait la couleur, le parfum et les arômes de chaque thé.

Plus tard, sous la dynastie Song, Cai Xiang (1012–1067) écrivit même un ouvrage entier consacré à l'appréciation du thé. Dans ces *Notes sur le thé*, on apprend ainsi que, d'après les critères de l'époque, les meilleurs thés devaient avoir « un pétiole brillant et duveteux », « un parfum authentique » et « des arômes doux et ronds ». À cette même période de l'histoire chinoise étaient également organisés des « concours de thé » et autres jeux populaires visant à évaluer les techniques de préparation et d'infusion de chaque participant, ainsi que les qualités organoleptiques des différents thés.

Si, au quotidien, tout amateur de thé peut s'improviser dégustateur, la tâche des professionnels est en fait bien plus ardue qu'on ne l'imagine, surtout quand il s'agit de sélectionner les meilleurs thés parmi plusieurs lots et variétés.

Bon à savoir

Les producteurs et négociants expérimentés ont une technique bien à eux pour juger des qualités organoleptiques d'un thé : ils saisissent une poignée de feuilles sèches qu'ils exposent à la lumière et en observent minutieusement la couleur et l'aspect. Ils soufflent ensuite légèrement sur les feuilles, puis les approchent aussitôt de leur nez pour en humer le parfum. Une autre technique consiste à déposer une poignée de feuilles sèches sur une coupelle et d'en évaluer la qualité au toucher. Ce rituel se répète chaque année, au moment où les producteurs cherchent à vendre leur récolte : avant d'acquérir un lot, les acheteurs potentiels goûtent toujours un échantillon pour évaluer le thé.

I. Déguster le thé vert comme un professionnel

Avant de commencer

Le matériel : une bouilloire électrique, une coupelle, un set à déguster (un bol et une tasse à bord dentelé ainsi que son couvercle) une cuillère à liqueur et son réceptacle, une balance électronique, des feuilles de papier blanc, un minuteur, un bol à eaux usées.

L'eau : dans la bouilloire, faites chauffer la quantité d'eau nécessaire à la dégustation.

Le préchauffage : préchauffez la tasse, son couvercle, la cuillère à liqueur et le bol à déguster. Organisez les éléments de manière à ce qu'ils soient faciles à saisir. Faites glisser 200 g de thé vert sur la coupelle. Réglez la balance sur zéro et déposez-y un petit morceau de papier.

Remarques :

1. Le thé vert se fait infuser avec de l'eau très chaude (température à adapter en fonction de la variété). La durée d'infusion à respecter est de 5 minutes.
2. Pour transvaser la liqueur de la tasse au bol, maintenez le couvercle sur la tasse et laissez la liqueur se déverser entièrement dans le bol.
3. Pour évaluer les saveurs et arômes de la liqueur, le dégustateur prend une petite gorgée de liqueur en bouche. Cette gorgée n'est généralement pas avalée, mais recrachée dans le bol à eaux usées.
4. Humez les parfums à trois reprises : quand l'infusion est encore bien chaude, quand elle est tiède et quand elle s'est refroidie. N'humez jamais plus de trois secondes au risque de fausser vos sensations olfactives.
5. Si besoin, notez vos impressions par écrit après l'évaluation.

La méthode

1. Préparer l'échantillon : prélevez des feuilles de thé dans la coupelle en les pinçant entre l'index, le majeur et le pouce.

2 Peser : pesez 3 g de thé à l'aide de la balance électronique.

3 Ajouter les feuilles : ôtez le couvercle de la tasse et versez-y les 3 g de thé précédemment pesés.

4. Verser l'eau : remplissez la tasse d'eau chaude et refermez le couvercle. Laissez infuser 5 minutes.

5 Préchauffer la cuillère à liqueur : remplissez le réceptacle prévu à cet effet d'eau chaude jusqu'à mi-hauteur et plongez-y la cuillère pour la réchauffer.

6 Filtrer : après avoir laissé le thé infuser 5 minutes, versez la liqueur dans le bol à déguster.

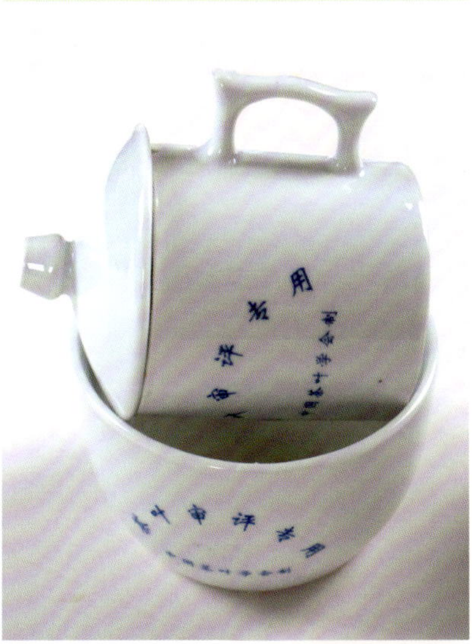

7 Apprécier la couleur : appréciez la couleur de la liqueur et la présence (ou non) de résidus.

8 Apprécier la limpidité : plongez la cuillère dans la liqueur, faites-la tourner une fois dans le sens indiqué sur l'image, puis retirez-la.

9 Apprécier la limpidité : attendez que les résidus de thé se déposent au fond du bol, puis évaluez la brillance et la limpidité de la liqueur.

10 Apprécier les parfums : d'une main, saisissez la tasse et, de l'autre, soulevez légèrement son couvercle ; approchez la tasse de votre nez et humez les parfums pour apprécier leur pureté, leur puissance, leur persistance, etc.

11 Apprécier les arômes : prélevez une cuillère de liqueur.

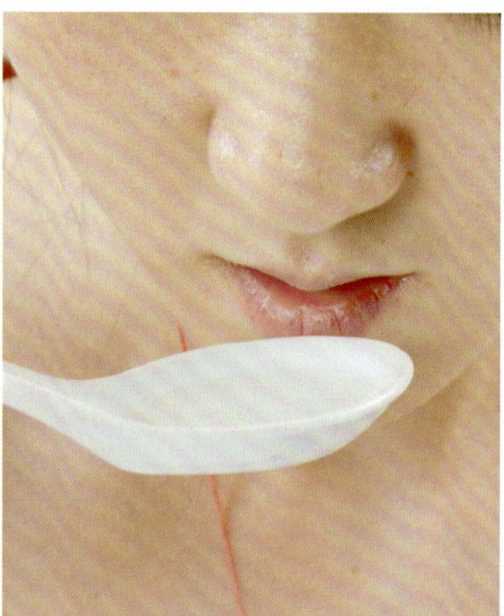

12 Apprécier les arômes : aspirez le contenu de la cuillère sans l'avaler et faites circuler la liqueur dans votre bouche pour permettre à vos papilles d'apprécier la force, l'authenticité et la fraîcheur des arômes. Recrachez la liqueur dans le bol à eaux usées.

13 Apprécier l'infusion : retournez le couvercle de la tasse et versez-y les feuilles infusées. Ajoutez quelques gouttes d'eau et évaluez la souplesse, la résistance, la forme et la couleur des feuilles.

II. Le matériel de dégustation

La dégustation professionnelle étant une activité à visée strictement scientifique (ou commerciale), ses instruments sont uniquement conçus dans un souci de fonctionnalité et d'efficacité. Contrairement aux services à thé que l'on trouve dans le commerce, le matériel de dégustation ne fait l'objet d'aucune recherche esthétique.

Si, de votre côté, vous souhaitez tenter l'expérience de la dégustation à la maison, la balance et le set à déguster (tasse dentelée, couvercle et bol) sont les deux outils à vous procurer en priorité ; le reste du matériel peut en revanche être suppléé par d'autres éléments de vaisselle ou ustensiles plus communs.

Dans les salles de dégustation professionnelle, on trouve les instruments suivants :

❍ La tasse à bord dentelé et son couvercle

Cette tasse en porcelaine spécialement conçue pour tirer la quintessence des saveurs et des arômes du thé est de forme cylindrique et possède une petite ouverture dentelée qui permet de filtrer la liqueur au moment où on la verse. La contenance de ces tasses est généralement de 150 ml, mais celles utilisées pour l'évaluation des Oolong sont plus petites (110 ml) et de forme plus évasée.

La tasse à couvercle utilisée pour la dégustation.

Le bord dentelé de la tasse, du côté opposé à l'anse.

❍ Le bol à déguster

Ce bol en porcelaine blanche sert à recueillir la liqueur et à en évaluer la couleur et la limpidité. Plus large que la tasse, il peut contenir jusqu'à 250 ml de thé. Pour les dégustations de Oolong, il convient d'assortir le bol à la tasse et donc de choisir un bol légèrement plus petit et plus évasé. Enfin, le bol et la tasse qui composent le set à déguster étant numérotés (sur l'envers), il faut idéalement choisir un bol et une tasse de même série.

❍ La cuillère à liqueur et son réceptacle

Le réceptacle en question est un petit bol de porcelaine blanche servant à recueillir la cuillère à liqueur, la passoire et les autres ustensiles employés au cours de la dégustation. On le préchauffe toujours avant usage. D'une contenance de 5 ml, la cuillère à liqueur est fabriquée dans le même matériau que son receptacle et se préchauffe elle aussi avant usage. Comme son nom l'indique, elle sert à porter la liqueur à la bouche afin d'en apprécier les arômes.

❍ La coupelle

Bien qu'on en trouve aujourd'hui en bambou et en plastique, les coupelles sont traditionnellement fabriquées en bois vierge de toute odeur puis peintes en blanc. De forme carrée ou rectangulaire, elles servent à évaluer l'aspect des feuilles de thé sèches avant la dégustation, et comportent, dans l'un de leur coin, une ouverture permettant de faire glisser celles-ci plus facilement.

❍ La balance

En général, les balances utilisées lors des dégustations sont des balances de cuisine classiques ou des balances électroniques d'une précision au dixième de gramme. Avant de peser les feuilles sèches sur la balance, il convient de la mettre à zéro et d'en vérifier le réglage.

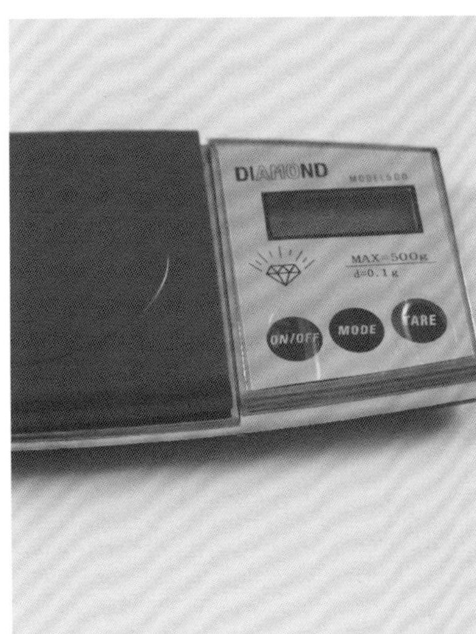

❍ Le minuteur

Il s'agit généralement d'un minuteur réglé sur la fonction décompte. À défaut, on peut le remplacer par un téléphone portable, une montre, un réveil ou tout autre appareil muni d'un minuteur.

❍ Le récipient pour l'infusion

Si autrefois on utilisait plutôt une coupelle en bois de forme carrée et peinte en noir, on privilégie aujourd'hui celles en porcelaine ou en acier inoxydable. Certains dégustateurs se servent également de l'envers du couvercle de la tasse à bord dentelé pour recueillir et observer l'infusion. Pour procéder à l'évaluation de vos feuilles infusées à la maison, vous pouvez les déposer dans un récipient (coupelle, bol, etc.) en céramique blanche avec quelques gouttes d'eau claire.

❍ **La bouilloire électrique**

Les plus répandues sont les bouilloires en acier inoxydable ou en aluminium.

Dans le cadre d'une dégustation professionnelle, ce matériel de base est généralement complété par les outils suivants :

❍ **Deux tables de dégustation**

On distingue deux types de tables de dégustation : celle pour évaluer les éléments secs et celle pour évaluer les éléments humides. Sur la première, on dépose les échantillons de thé, les coupelles, la balance et on s'attache à juger les feuilles de thé sèches. Sa surface est généralement lisse et noire. Sur la seconde, on place les sets à déguster, les cuillères à liqueur, leurs réceptables et on étudie la couleur, les arômes et les parfums des liqueurs et des infusions. Enduite d'un revêtement imperméable, cette table est souvent de couleur blanche et comporte une ouverture en coin pour laisser le liquide s'écouler.

❍ **Le placard à échantillons**

Ce petit meuble de rangement est généralement de couleur blanche et sert à entreposer l'ensemble des échantillons.

❍ **La cuillère filtrante**

Cette cuillère en acier inoxydable peut être munie d'un filtre en nylon ou simplement perforée et sert à isoler les résidus de thé de la liqueur.

❍ **Le bol à eaux usées**

Ce récipient est employé pour jeter la liqueur et l'infusion après qu'elles ont été évaluées. Ainsi, quand vous prenez une gorgée de liqueur en bouche, crachez-la dans ce bol, une fois votre dégustation terminée.

❍ **Le placard à ustensiles**

Ce placard est utilisé pour ranger les sets à déguster, les cuillères à liqueur et tous les autres outils du dégustateur.

❍ **À défaut…**

Pour ceux qui voudraient jouer les apprentis dégustateurs à domicile, rien ne sert de s'équiper de la sorte ; au contraire, faites preuve d'ingéniosité et utilisez ce que vous avez sous la main ! Vous pouvez, par exemple, remplacer le minuteur par un téléphone portable ou une montre, le bol à eaux usées par une bassine ménagère ou encore la cuillère à liqueur et son réceptacle par une cuillère à soupe et un bol en céramique. Tant que vous n'employez que de la vaisselle et des ustensiles propres et vierges de toute odeur, rien ne vous empêchera d'évaluer vos thés comme des professionnels !

Bon à savoir

Les qualites requises

Les dégustateurs professionnels dignes de ce nom sont avant tout des individus aux sens particulièrement développés (goût, odorat, vue, toucher). Idéalement, ils ne dégagent pas de fortes odeurs corporelles et ne souffrent d'aucune maladie chronique (hépatite, bronchite chronique, etc.).

L'analyse sensorielle reposant quasi exclusivement sur le dégustateur, ce dernier se doit d'adopter une hygiène de vie saine, exempte de tabac, d'alcool ou d'aliments trop forts en goût (oignon, ail, sucreries, friture, etc.), et d'éviter les médicaments trop puissants comme les antibiotiques. Lors des séances de dégustation professionnelle, si un dégustateur consomme l'un de ces produits, il devra laisser s'écouler 4 heures minimum avant de pouvoir prendre part à une dégustation.

Enfin, pour que les conditions optimales de dégustation soient réunies, le dégustateur devra avoir les mains fraîchement lavées, et ne devra porter sur lui aucune odeur parasite, et en particulier celles dégagées par les cosmétiques (parfum, crème pour les mains...).

III. Les procédures et le système de notation

1. Les procédures

❍ Prélèvement de l'échantillon

Prélevez un échantillon standard de thé (200 à 250 g) et placez-le sur la coupelle.

Le but de cette première opération est d'extraire une petite quantité de thé en vrac. La manière de prélever l'échantillon aura une influence directe sur le résultat de votre dégustation.

❍ Appréciation des feuilles sèches

Il s'agit ici de juger la forme, la couleur, la taille, la texture, la souplesse, la résistance, le degré d'hygrométrie et la régularité des feuilles de thé sèches.

Avant de s'attarder sur l'aspect des feuilles, il convient cependant de « tamiser le thé ». Pour ce faire, saisissez la coupelle à deux mains (l'une obstruant l'ouverture, l'autre sur le côté opposé à l'ouverture) et faites-la légèrement osciller d'avant en arrière de manière à superposer les feuilles en trois couches distinctes.

Évaluez ensuite l'aspect des feuilles sèches et notez vos impressions par écrit.

❍ Pesée de l'échantillon

À l'aide de la balance, pesez 3 g de thé et versez-les dans la tasse à bord dentelé.

Pour bien faire, saisissez le thé entre votre index, votre majeur et votre pouce en vous assurant que les trois couches de thé sont représentées dans votre échantillon. La quantité de thé idéale se situe légèrement au-dessus de 3 g.

Faites preuve de délicatesse en pinçant les feuilles de thé sèches : si vous les brisez involontairement, vous risquez de fausser votre appréciation finale.

❍ Infusion

Versez l'eau chaude dans la tasse à bord dentelé. Remplissez-la à ras bord mais prenez garde à ne pas faire déborder l'eau. Posez le couvercle sur la tasse et laissez infuser 5 minutes.

L'eau utilisée pour réaliser l'infusion doit être mise à chauffer avant le début de la dégustation ; évitez cependant de la faire bouillir trop longtemps ou à plusieurs reprises. N'utilisez pas d'eau du robinet et privilégiez au contraire les eaux purifiées ou déminéralisées – une eau trop riche en minéraux pouvant dénaturer les arômes du thé. Pensez également à laver soigneusement le set à déguster, la cuillère ainsi que tous les instruments qui vont entrer en contact avec la liqueur, puis ordonnez-les selon leur numéro de série sur la table de dégustation pour éléments humides. Enfin, ôtez le couvercle des tasses à bord dentelé. Si vous évaluez plusieurs thés en même temps, seule l'infusion de la première tasse devra être chronométrée. Une fois la dernière tasse remplie, versez de l'eau chaude dans les réceptacles à cuillère jusqu'à à mi-hauteur pour les préchauffer.

❍ Filtration de la liqueur

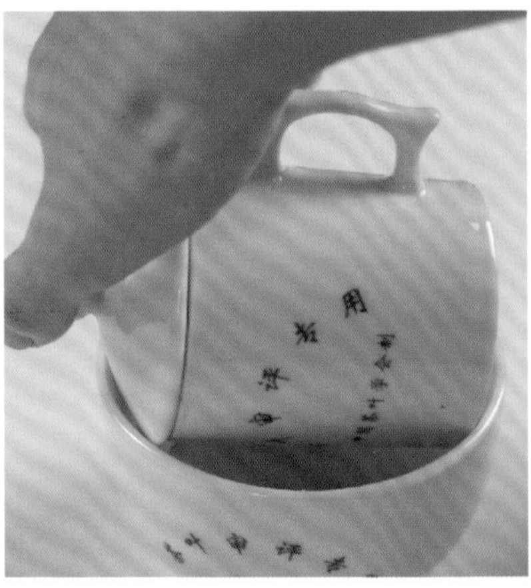

Transvasez le thé de la tasse au bol en le filtrant à l'aide du bord dentelé.

Après 5 minutes d'infusion, saisissez les tasses une à une (dans l'ordre de remplissage) et renversez-les dans les bols à déguster en prenant garde à ne pas laisser la liqueur déborder du bol. Une appréciation réussie exige des gestes précis.

❍ Appréciation de la liqueur

Cette opération consiste à juger visuellement la couleur, la brillance, la limpidité et la texture de la liqueur.

Pour évaluer la couleur de la liqueur dans les meilleures conditions, il convient d'abord d'attendre qu'elle se soit entièrement déversée dans le bol, puis de sortir la tasse du bol, et enfin de retirer les éventuels résidus de thé à l'aide d'une cuillère filtrante. À défaut, on peut également donner un tour de cuillère à liqueur de manière à ce que les résidus se concentrent dans le fond du bol.

❍ Appréciation des parfums

Il s'agit ici de faire appel à son odorat pour déterminer la richesse et la franchise des parfums ainsi que les différents pôles aromatiques.

Pour humer les parfums du thé, le dégustateur doit saisir la tasse à bord dentelé d'une main et, de l'autre, soulever légèrement son couvercle. Traditionnellement, on procède à trois inspirations : l'une quand l'infusion est encore chaude, l'autre quand elle est tiède et la dernière quand elle est froide. Idéalement, une inspiration destinée à apprécier le bouquet d'un thé ne devrait jamais durer plus de 3 secondes : au-delà, vos sensations olfactives manqueront de précision.

❍ Appréciation des arômes

Cette opération permet de déceler les différentes notes aromatiques qui font toute la subtilité, la richesse ou la puissance d'un thé.

À l'aide de la cuillère prévue à cet effet, prélevez une cuillérée de liqueur – qui, à ce stade, devrait idéalement avoisiner les 50° C – et prenez-la en bouche sans l'avaler. Afin d'apprécier pleinement les arômes du thé, il convient de faire appel à la rétro-olfaction, c'est-à-dire de faire circuler la liqueur à l'intérieur de la bouche en aspirant bruyamment de l'air. Une fois la dégustation d'un thé terminée, crachez la liqueur dans le bol à eaux usées, rincez la cuillère, puis passez au thé suivant. Dans l'idéal, essayez toujours d'apprécier les arômes de la liqueur juste après avoir humé les parfums de l'infusion.

❍ Appréciation de l'infusion

À travers la vue et le toucher, on cherche ici à observer si, une fois infusées, les feuilles sont encore souples, lisses, entières ou au contraire cassées, etc.

Versez toutes les feuilles infusées sur la face interne du couvercle de la tasse à bord dentelé ou sur une coupelle en porcelaine blanche dans laquelle vous aurez préalablement versé un peu d'eau claire. Commencez par observer la couleur, la forme, la taille des feuilles infusées, puis touchez-les du bout des doigts pour évaluer leur résistance, leur souplesse, leur texture, etc.

❍ Rédaction des notes de dégustation

Une fois la dégustation terminée, remplissez une grille d'évaluation et décrivez vos impressions en utilisant la terminologie du thé. Faites ensuite vos calculs et classer les thés par ordre de préférence selon les notes que vous leur aurez attribuées.

Une analyse sensorielle complète du thé englobe donc l'appréciation des feuilles sèches, de la liqueur, des parfums, des arômes et de l'infusion. On divise généralement l'analyse en deux phases : l'évaluation des éléments secs (qui ne comporte que l'appréciation des feuilles sèches), et l'évaluation des éléments humides qui inclut par conséquent les quatre autres appréciations. La dégustation professionnelle joue un rôle crucial dans le commerce du thé puisque c'est uniquement sur les résultats qu'elle donne que l'on juge de la qualité des différents thés mis sur le marché. Il convient donc de la mener avec une précision et une rigueur digne d'un professionnel – en évaluant par exemple simultanément les thés issus de la même famille ou de la même variété – si l'on espère obtenir des résultats concluants.

2. Le système de notation

Pour évaluer les grands crus, les dégustateurs professionnels inspectent les feuilles sèches, la liqueur, les parfums, les arômes et l'infusion selon le protocole détaillé ci-avant.

En Chine cependant, il existe deux autres systèmes de notation. L'un se base sur un système de centile et la note finale est donc calculée en comparaison avec les autres thés évalués ; l'autre fonctionne selon un système de coefficients (30 % pour les feuilles sèches, 10 % pour la liqueur, 25 % pour les parfums, 25 % pour les arômes et 10 % pour l'infusion).

Grille d'évaluation type pour grand cru

	Aspect des feuilles sèches	Aspect de la liqueur	Parfums	Arômes	Aspect de l'infusion	Total
Coefficient (%)	30	10	25	25	10	100
Note	90	90	92	90	88	–
Résultats	27	9	23	22,5	8,8	90,3

Les chiffres ne suffisent cependant pas toujours à décrire toute la qualité d'un thé et, de ce fait, les dégustateurs rédigent souvent des commentaires en parallèle de leurs résultats. Dans ces notes de dégustation, ils font appel à une terminologie spécifique qui leur permet d'exposer leur ressenti le plus précisément possible.

Si vous souhaitez organiser une séance de dégustation à domicile, conformez-vous autant que possible à ce protocole : il vous manquera certes quelques instruments, mais il n'y a qu'en appliquant les techniques des experts que vous apprendrez vous aussi à discerner les qualités organoleptiques des différents thés.

IV. Les fondamentaux

La dégustation professionnelle et l'art de bien préparer et déguster le thé sont deux activités bien distinctes : la première consiste à juger la qualité d'un thé en se basant sur des critères techniques, alors que la seconde est une forme d'art, une méthode pour sublimer les thés que l'on consomme. De toute évidence, les amateurs de thé sont moins au fait du protocole de dégustation que suivent les professionnels quand ils cherchent à évaluer la qualité d'un thé : par conséquent, si vous tentez une analyse sensorielle à la maison, votre appréciation sera moins précise que celle des experts. Pour mieux comprendre ce qui fait toute la spécificité de la dégustation professionnelle, on peut relever les points suivants :

- Les échantillons de thé se font toujours infuser avec de l'eau bouillante. Avant de la verser sur les échantillons de thé, laissez l'eau bouillir quelques secondes dans la bouilloire. Si votre eau n'est pas assez chaude, les résultats de votre évaluation en pâtiront, surtout en hiver. En outre, si plusieurs variétés de thés sont évaluées au cours d'une même séance, il convient de faire bouillir une quantité suffisante d'eau pour assurer l'intégralité de la dégustation.
- L'eau utilisée lors des dégustations professionnelles se doit d'être purifiée ou déminéralisée.
- Quand vous versez l'eau sur les feuilles de thé, maintenez votre bras à une certaine hauteur de manière à ce que les feuilles circulent dans la tasse ; une fois la tasse remplie au 7/10, abaissez le bras pour finir de la remplir. De même, quand vous transvasez la liqueur de la tasse au bol, laissez-la s'écouler doucement en maintenant la tasse juste au-dessus du bol. Ce faisant, prenez garde à ne pas renverser la liqueur sur la table de dégustation.
- L'échantillon de thé à déguster se prélève en une seule et même pincée.
- Le poids d'un échantillon peut aller légèrement au-delà de la moyenne (3 g), mais jamais en deçà. De plus, l'échantillon choisi doit comprendre des feuilles issues de chacune des trois couches de feuilles superposées.

- On commence toujours par apprécier la liqueur avant d'évaluer les parfums, les arômes et l'infusion. Selon la température de l'eau, la lumière environnante, la taille des bols à déguster ou encore les résidus de thé qui se déposent au fond des bols, la couleur de la liqueur peut en effet être relativement changeante.

Quand vous dégustez simultanément plusieurs thés, pensez à bien rincer la cuillère dans son réceptacle et à vous rafraîchir la bouche entre chaque liqueur pour éviter que les arômes de l'une ne viennent dénaturer ceux de l'autre. Si besoin, n'hésitez pas à goûter la même liqueur à plusieurs reprises.

- Pour apprécier les parfums, le dégustateur n'inspire jamais au-delà de 3 secondes. S'il poursuit son inspiration plus de 5 secondes, son odorat deviendra moins sensible au bouquet du thé.
- La liqueur contenue dans la tasse à bord dentelé doit être intégralement versée dans le bol à déguster.
- Le ratio feuilles/eau à respecter est de 1/50. Il n'est cependant valable que pour les petits volumes – 3 g de thé pour 150 ml d'eau, par exemple.
- Les instruments nécessaires à la dégustation doivent être fraîchement lavés avant utilisation.

Une fois la dégustation terminée, lavez à nouveau le matériel en insistant particulièrement sur le bord dentelé de la tasse du set. Suspendez ensuite les éléments tête en bas pour leur permettre de s'égoutter correctement. Rangez et conservez le thé non utilisé selon les principes d'usage (p. 68-69) pour éviter qu'il ne s'oxyde ou n'absorbe l'humidité.

Bibliographie

Shen Peihe, *A Guide to Tea Evaluation*, Beijing, China Agricultural University Press, 1998.

Lu Songhou et Shi Zhaopeng, *Evaluation and Inspection of Tea Varieties*, Beijing, China Agriculture Press, 2001.

Wang Guangzhi, *Tea Varieties and Famous Local Brands in China*, Beijing, China Agriculture Press, 2003.

Cheng Qikun, *Chinese Green Tea*, Guangzhou, Guangdong Tourism Publishing House, 2005.

Zhu Yongxing et Wang Yuefei, *Study on Tea Medicine*, Hangzhou, Zhejiang University Press, 2005.

Liu Xin, *Questions and Answers on Organic Tea Production and Management*, Beijing, Golden Shield Press, 2003.

Remerciements

Beijing Gengxiang Tea Co., Ltd
Xiaoyang's Xi Hu Long Jing Tea Line
Xishan Bi Luo Chun Tea Factory (Fang Meng Tea Line) of Wu County, Jiangsu Province
Huangshan Yipingming Tea Line
Beijing Diqishijianshi Tea Center
Zhenfeng Tea Line
Zhenfengqiao Tea Co., Ltd
Wang Guangzhi Tea Line
Anhui Jingzhai Qifu Organic Tea Factory (Beijing Office)
Beijing Yunqing Tea Line
Zhou Mei's Xin Yang Mao Jian Tea
Shaanxi Dongyu Tea Industry Co., Ltd

Matériel gracieusement prêté par : Li Hong et Li Mei